Krieg und Gewalt in den Weltreligionen

Krieg und Gewalt in den Weltreligionen

Fakten und Hintergründe

Herausgegeben von
Adel Theodor Khoury,
Ekkehard Grundmann
und Hans-Peter Müller

HERDER

FREIBURG · BASEL · WIEN

Bibliografische Information der Deutschen Bibliothek

Die Deutsche Bibliothek verzeichnet diese Publikation
in der Deutschen Nationalbibliografie;
detaillierte bibliografische Daten sind im Internet
über ⟨http://dnb.ddb.de⟩ abrufbar.

www.herder.de
Satz: SatzWeise, Föhren
Einbandgestaltung: Finken & Bumiller, Stuttgart
Druck und Bindung: freiburger graphische betriebe
www.fgb.de
Gedruckt auf umweltfreundlichem, chlorfrei gebleichtem Papier
ISBN 3-451-28245-3

Inhalt

Einführung

von Ekkehard Grundmann

»Die Wahrheit ist nicht verhandelbar« lautete der Titel eines Vortrages von Adel Theodor Khoury im Interreligiösen Gesprächskreis Münster, der seit seiner Gründung 1998 andere Religionen kennen zu lernen versucht und sich bemüht zu verstehen, wie andere – Gläubige – denken, um daran den eigenen christlichen Glauben zu messen und zu festigen.

Dieser Titel soll auch als Motto über den Beiträgen dieses Bandes stehen, und zwar wegen der Vielfalt der vorgetragenen Themen, die ja alle wesentlichen Weltreligionen umfassen. Es geht dabei nicht um eine Relativierung verschiedener Wahrheiten; es geht um Information und Diskussion. Vielfalt ist nicht Unverbindlichkeit, im Gegenteil: Religion heißt Hinordnung auf Gott (Thomas von Aquin), und zwar des ganzen Menschen; Religion heißt »Antwort auf die ungelösten Rätsel menschlichen Daseins«. Christus war und ist für alle da; das verbindet die Christen mit ihren Dialogpartnern in den anderen Religionen.

Eine Gegenüberstellung der Beiträge unseres Bandes mit dem oben genannten Motto zeigt ein scheinbares Paradoxon: Krieg und Gewalt sind im politischen Raum nur durch Verhandlungen zu lösen oder zu verhindern. Beharren beide Seiten eines Streites auf ihrer »Wahrheit«, gibt es keinen Frieden, denn »Wahrheit ist nicht verhandelbar«. Für den Gegensatz der Weltreligionen hat Adel Theodor Khoury den entscheidenden Weg gezeigt: Man suche, den Anderen zu verstehen, Vorurteile zu überwinden, um für eine friedliche Welt einzutreten. Vielleicht können wir auch dies aus den folgenden Beiträgen mitnehmen und weitergeben.

Das alles ist nicht neu. Spätestens seit dem Zweiten Vaticanum hat Rom Brücken zu den anderen Religionen geschlagen. Im Oktober 1986 trafen sich auf Einladung von Papst Johannes Paul II. in Assisi Geistliche aller Weltreligionen. Man war sich einig: »Wir können nicht zusammen beten. Aber wir kommen hier zusammen, um zu beten«. Das bedeutet: In einer Welt, die sich mehr und mehr von Gott zu entfernen scheint, verbinden sich jene Menschen, die Gott suchen. Und das war auch der Tenor aller Nachfolgetreffen, die vor allem von der Gemeinschaft Sant Egidio zusammengerufen wurden nach Warschau, Rom, Brüssel, Malta, Florenz, Mailand, Jerusalem und Bukarest. Auf Einladung des Prälaten der Tenday-Buddhisten traf man sich mehrfach im August auf dem Berg Hiai in Japan. Am 24. Januar 2001 fand wieder ein Treffen in Assisi statt, ausdrücklich unterstützt vom Ökumenischen Rat die Kirchen in Genf.

Auf dem »Tag der Weltreligionen« während der EXPO in Hannover begrüßte am 12. September 2000 der Hildesheimer Bischof Josef Homeyer bei der Abschlußveranstaltung den großen Kreis der Teilnehmer: »Seien Sie alle herzlich begrüßt, die Sie heute der Vielfalt, der Verschiedenheit und der Einheit untereinander nachgegangen sind: Gläubige und Vertreter des jüdischen, des christlichen, des muslimischen und des hinduistischen Glaubens. Wir alle empfangen Sie in dieser Stunde gemeinsam, weil wir uns selbst als Empfangende erfahren haben.«

Die evangelische Landesbischöfin Margot Käßmann führte aus: »Ich stehe hier als Christin. Das heißt, ich stehe hier mit dem Wissen um die Schuld, die Christinnen und Christen mit Blick auf andere Religionen auf sich geladen haben. Aber auch im Wissen, dass Christinnen und Christen in anderen Ländern dieser Erde im Namen anderer Religionen Gewalt angetan wird. So sehr ich glaube und überzeugt bin, dass Jesus Christus der Weg, die Wahrheit und das Leben ist, dass Jesus Christus allein mir Gott erschließt und ich dies auch vor Ihnen bezeuge, so sehr respektiere ich diejenigen unter Ihnen, die ein anderes geistliches Fundament haben. Lassen sie uns einander in dieser Offenheit begegnen. Die Menschen brauchen Orientierung in einer verwirrten Zeit«.

Fast 10 Jahre vorher, nämlich am 10. Mai 1991, fasste der »Päpstliche Rat für den Interreligiösen Dialog« 4 Formulierungen zusammen, die für einen »legitimen interreligiösen Dialog« entscheidend sind:

a) der Dialog des *Lebens,* in dem Menschen in einer offenen und nachbarschaftlichen Atmosphäre zusammen leben wollen, in denen sie Freud und Leid, ihre menschlichen Probleme und Beschwernisse miteinander teilen.

b) der Dialog des *Handelns,* in dem Christen und Nichtchristen für eine umfassende Entwicklung und Befreiung des Menschen zusammenarbeiten.

c) der Dialog des *theologisch Austausches,* in dem Spezialisten ihr Verständnis ihres jeweiligen theologischen Erbes vertiefen und die gegenseitigen Werte zu schätzen lernen.

d) der Dialog der *religiösen Erfahrung,* in dem Menschen, die in ihrer eigenen religiösen Tradition verwurzelt sind, ihren spirituellen Reichtum teilen, z.B. was Gebet und Betrachtung, Glaube und Suche nach Gott oder dem Absoluten angeht.

Durch den Anschlag vom 11. September 2001 ist die Forderung nach einem Dialog noch aktueller geworden. Daher werden wir in den folgenden Beiträgen ganz allgemein zu prüfen haben: »Kann es einen interreligiösen Dialog ohne Aufgabe der Wahrheitsansprüche der Einzelreligionen und -konfessionen geben?«, um dann im Besonderen zu fragen:

– Welche biblischen (alt- und neutestamentlichen) Motivationen von Krieg und Gewalt standen und stehen einer Verständigung der Religionen im Wege?
– Welche frühkirchlichen Irrwege haben das religiöse Gewaltpotential in der Kirchengeschichte begründet und wie wirken sie im Säkularismus nach?
– Ist Intoleranz mit Krieg- und Gewaltfolgen eine notwendige Wirkung der religiösen Wahrheitsansprüche?
– Welche Rolle spielten und spielen Krieg und Gewalt faktisch in den Weltreligionen, und welche im Umfeld von Kolonialismus und christlicher Mission?
– Haben gar Religionen durch ihre Kriegs- und Gewaltfolgen ihre Legitimation verloren, und kann dann vielleicht die Legitimität

von Religion durch den interreligiösen Dialog wiedergewonnen werden?
- Muss sich ganz allgemein in den religiösen Ansichten der Menschen etwas ändern, damit ihr Kriegs- und Gewaltpotential vermindert wird, oder ist Aggressivität in der Natur des Menschen so dominant, dass keine Religion, kein Ethos dagegen letztlich etwas ausrichtet?

Vordergründig sind das harte Fragen, und vielleicht ist der Rahmen damit zu weit gesteckt. Aber ich bin sicher, wir brauchen solche Fragen, und wir werden verschiedene Antworten auf sehr verschiedene Fragen finden. Dies wird unser Wissen über einen möglichen Zusammenhang zwischen Krieg und Gewalt einerseits und den Weltreligionen andererseits erweitern und korrigieren mit dem Ziel, dem weltweiten Frieden näher zu kommen – der selten so dringlich empfunden wurde wie heute.

1

Krieg und Gewalt im antiken Israel

von Hans-Peter Müller

Das Thema stellt uns vor mehrfache Schwierigkeiten. Die Texte zum ›heiligen Krieg‹ im Alten Testament unterliegen Meidungsstrategien, weil sie für Christen, insbesondere aber für den modernen aufgeklärten Menschen, religiös und theologisch peinlich sind. – Die Historizität der in den Texten zum ›heiligen Krieg‹ erzählten Ereignisse wird weithin bestritten, was wiederum durch einen ethischen Vorbehalt motiviert sein mag. – Schließlich kann eine theologische Beurteilung des ›heiligen Krieges‹ nicht ohne eine Wahrnehmung der anthropologischen Voraussetzungen von Krieg und Gewalt erfolgen.

Ziel der folgenden Erörterungen ist es, auf dem Hintergrund (I.) ethologischer (verhaltenswissenschaftlicher) Gesichtspunkte zum Thema »Krieg und Gewalt« (II.) die alttestamentlichen Befunde zum sog. ›heiligen Krieg‹ neu zu erfassen und daraus (III.) drei dringende Folgerungen zu ziehen.

I.

Vielleicht können wir die Peinlichkeiten klären, indem wir zuerst nach den ethologischen, mithin den humanbiologischen Voraussetzungen von Krieg und Gewalt fragen.

1. Problematisch ist, ob Krieg-Führen und Gewalt-Anwenden notwendig zu den biologischen Merkmalen des Menschen gehören. Gegen K. Lorenz, für den durch eine auf allgemein-menschlichen Triebstrukturen beruhende gemeinsame Aggression allererst Gemeinschaft entsteht[1], betonen andere, dass es nicht immer und nicht überall Kriege gegeben hat. Die kriegerische Aggression zwischen

Menschengruppen scheint bei den oftmals wandernden Jägern und Sammlern eine viel geringere Rolle zu spielen als bei den seßhaften, also an ein eigenes Territorium gebundenen Bauern; sie soll bei den vorwiegend von der Jagd und Fischfang lebenden Stämmen im Polarraum, soweit sie nicht in den Heeren moderner Staaten ›dienen‹, nicht vorkommen[2]. Das kriegerisch gewaltsame Verhalten von Bauern und in ihrer Nachfolge von Städtern bis in die Industriegesellschaft hat freilich alsbald auch andere Ziele als dasjenige, einen Betätigungsraum, dessen optimale Ausnutzung das Ziel des Produzierens und Wirtschaftens ist, gegen Bedrohungen durch Fremde zu sichern und ihn, wo möglich, durch Aneignungen auf Kosten von Fremden zu erweitern; es dient auch der Unterjochung und Ausbeutung, dem Prestigegewinn und schließlich einem Ideenimperialismus. Wenn der Fremde aber nicht von außen droht, sondern Teil der eigenen Gesellschaft ist, wird er entweder ein nützlicher Beisasse, oder er bleibt als Fremdkörper das Objekt eines angstgesteuerten Hasses.

2. Die psychische Wurzel aggressiven und destruktiven Verhaltens ist nämlich zumindest auch die Angst[3]. Wenn es nicht um die Auseinandersetzung mit natürlichen Feinden, sondern mit anderen Menschen geht (intraspezifische Aggression), ruft die Auseinandersetzung zwischen Gruppen entweder Flucht oder Angriff hervor; die Angst des Gejagten kann auch in Aggression umschlagen. Aber die Auseinandersetzung *zwischen* Gruppen ist nicht die einzige Weise aggressiven bzw. destruktiven Verhaltens: Neben sie tritt die Auseinandersetzung *innerhalb von* Gruppen, besonders der soziale Konflikt; den sozialen Konflikt einzudämmen, zu sublimieren oder zu operationalisieren, ist die wichtigste Funktion gesellschaftlicher Prozesse. Umgekehrt sind soziale Konflikte, wenn sie dennoch fortbestehen, oft die Ursache dafür, dass ein äußerer Konflikt gesucht wird, der den inneren Konflikt maskieren soll.

Flucht und Angriff in politisch-militärischen oder sozialen Bedrohungssituationen, die Angst hervorrufen, haben gemeinsam, dass sie Vitalitätsreserven mobilisieren[4]: Die somatischen Begleiterscheinungen der Angst, die die Evolution in uns herangezüchtet hat, ruft diese Mobilisierung selbsttätig hervor[5]; so sind physiologische Reaktionen auf Angst wie beschleunigter und verstärkter Herzschlag, Bluthochdruck und Atmungsbeschleunigung, Freisetzung von Blutzucker samt den gleichzeitigen psychischen Ausnahmeerscheinungen lebensdienlich im Interesse der betroffenen Individuen und der von ihnen gebildeten Kollektive. Funktionen, die in solchen Stresssituationen stören, werden vermindert oder ausgeschaltet. Auch andere Enthemmungen greifen Platz: Der Krieger kündigt dem Feind die Artgenossenschaft; er wird – in einem Akt der ›Pseudospeziation‹ – zur fremden Spezies, die man gewissenlos töten kann oder im eigenen Überlebensinteresse sogar töten muss; die weit verbreitete innerartliche Tötungshemmung soll entfallen[6].

Der überlebensnotwendigen Mobilisierung von Vitalitätsreserven dienen offenbar auch die religiösen Motive, die im antiken Israel und im Alten Orient, aber auch allenthalben sonst in der Welt den Krieg begleiten. Der Mensch erweckt nicht nur seine eigenen sonst meist sorgsam verborgenen destruktiven Kräfte, sondern er mobilisiert, mit Gebet und magischen Mitteln, auch übernatürliche Mächte, an die er glaubt; er »weckt« die Gottheit, dass sie in äußerster Not ihm helfe[7], so dass ein Gott zum Stammesbesitz und in aufgeklärteren Zeiten zu nicht viel mehr als einem nationalen Symbol wird, das die von ihm vorausgesetzte Identität und Integration neu stiftet. Sich hier über orientalisch-israelitische Vorstellungen und Begriffe im kulturbewussten Hochmut ›höherer‹ Religion zu erheben, besteht kein Anlass: Dass auf den Koppelschlössern deutscher Soldaten »Gott mit uns« stand, ist noch nicht lange her; man denke auch an die letztlich religiös motivierte Gewaltförmigkeit eines europäisch-amerikanischen Kulturimperialismus, dessen gefährliche Reaktionen wir jetzt zu spüren bekommen.

3. Allerdings ist eine doppelte Relativierung nötig: Krieg ist einerseits nicht nur lediglich *ein* Paradigma aggressiven und destruktiven Verhaltens unter vielen, wie denn innerartliche (intraspezifische) Gruppenauseinandersetzungen mit ›Waffen‹-Gebrauch schon bei höheren Tieren, etwa Schimpansen, vorkommen[8]; die Angst als Motor von Krieg und Gewalt ist andererseits auch außerhalb von Krieg und Gewalt ein Hauptmotiv menschlichen Verhaltens überhaupt, ja ein prominenter Faktor unserer physisch-psychischen Ausstattung. Aggressives Verhalten tritt – wie die soeben genannten physiologischen

Reaktionen auf Angst – in Situationen entsprechender Destabilisation zwangsläufig auf; nicht umsonst stellen gesellschaftliche Konventionen dafür Ventile bereit.

S. Kierkegaard[9] und M. Heidegger[10] haben von der gegenstandsbezogenen »Furcht« (die wir, einem naturwissenschaftlichen und psychologischen Sprachgebrauch folgend, hier als »Angst« bezeichnen) die »Angst« als allgemein menschliches Daseinsmerkmal (»Existenzial«) unterschieden, sozusagen die »blinde Angst«, die seit der Geburt unserem Ausgeliefert-Sein an die ›Welt‹ entspringt und sich, wenn durch die Zivilisation die äußeren Angst-Anlässe weitgehend entfallen, andere Gegenstände sucht oder geradezu schafft. In zivilisierten Gesellschaften, die den primären Daseinsängsten, den Ängsten von Fressfeinden etwa, entwachsen sind, nicht freilich der Angst vor Kriegen und sozialen Auseinandersetzungen, ist die ›blinde‹, die existenzielle Angst mit einem ebenso ›blinden‹, wenig zielgerichteten Aggressionspotential ein relativ situationsunabhängiges Motiv für Religiosität. Entsprechend weisen die Religionen einem Selbstverteidigungswillen, der seine natürlichen Anlässe verloren hat, neue Opfer angstbesetzter Gewaltbereitschaft zu[11].

4. Wenn uns »nichts Menschliches fremd« sein sollte, müssen wir, schon um Heuchelei zu vermeiden, mit den genannten menschlichen Befindlichkeiten zwar einen kritischen Frieden schließen; von unserer Natur können wir uns ohnehin nicht trennen. Dennoch beruhen Kultur und Religion darauf, dass die menschliche Natur korrigierbar ist; angeborene Destruktionsneigungen können erzieherisch beeinflusst werden. Doch wie weit darf man damit gehen, ohne zu riskieren, dass die Anlagen sich für Vergewaltigungen rächen? Können Lernen und Tradition, kann das Postulat von Freiheit, auf dem beide beruhen, auch die kulturell verursachten Schäden an der menschlichen Natur korrigieren? Inwieweit können sie es? Sowohl die natürlichen wie die kulturellen Faktoren unseres Handelns enthalten Konfliktpotentiale; kulturelle Konfliktpotentiale scheinen Korrekturen aber leichter zugänglich zu sein, insbesondere dann, wenn diese mit anderen elementaren biologischen Bedürfnissen übereinkommen. Dürfen wir also hoffen, dass eine selbstkritische kulturelle Korrektur unserer gewalt- und kriegsbereiten Natur die Mensch-

heit einem ›ewigen Frieden‹ ein wenig näherbringt, ohne dass die frustrierte Natur zurückschlägt und die Gewaltbereitschaft nur noch vermehrt wird?

II.

1a. Die Nachrichten über die ›heiligen Kriege‹[12] des frühgeschichtlichen, vorstaatlichen Israel sind uns meist in der Gattung ›Sage‹ überliefert. Zwischen den Ereignissen und deren Verschriftung liegt eine längere Zeit mündlicher Überlieferung; die Gestaltung erst der Einzelsagen, dann der um einzelne Helden geflochtenen Sagenkränze geschieht nach religiösen und einfachen künstlerischen Gesichtspunkten, was immer auf Kosten der sog. ›historischen Wahrheit‹ geht. Jeder kritische Bibelleser spürt, wenn er auf die Geschichten von Mose am Schilfmeer, Josua, Debora und Barak, Gideon, Jephtha oder Simson stößt, dass ein geschichtliches Ereignis in der Antike nur durch eine gewisse Mythisierung, etwa durch Einsatz von Wundermotiven, religiöse Relevanz gewinnt. An bloßen Fakten war die Antike nicht interessiert; ein erzähltes Geschehen muss durch die Suggestivkraft seiner mündlich oder schriftlich eingesetzten Kunstmittel zur Lebensermutigung unter dem jeweiligen gesellschaftlich gültigen Weltverständnis beitragen.

Die Sammlung von Sagen, Annalentexten, Legenden etc., die wir in den aufeinander folgenden Büchern Josua, Richter, Samuel und Könige vorfinden, geschah zudem erst in der exilisch-nachexilischen Zeit, also im 6./5. Jh. v. Chr.; sie verfuhr nach den theologischen Maßstäben des Deuteronomiums (5. Mose), das den Büchern Jos – 2 Kön vorangeht, weshalb wir das Gesamtwerk als ›Deuteronomistisches Geschichtswerk‹ bezeichnen[13]. Die ›Deuteronomisten‹ haben die Auswahl der vorher bereits verschrifteten Stoffe getroffen, diese nach ihren theologischen Überzeugungen übermalt und mit in den Text eingebrachten erbaulichen Kommentaren versehen, etwa in Ri 2,6–3,6; manches ist späte gedankliche Konstruktion[14].

b. Dennoch ist es übertrieben, wenn der italienische Alttestamentler A. Soggin behauptet, »daß die ganze spätere Jahwekriegsideologie, wenn sie sich auch auf ältere Modelle berufen konnte, hauptsächlich am Schreibtisch konzipiert wurde«[15].

Die Dichtungen des Richterbuches wirken mit ihren später nicht mehr realen, ja nicht einmal mehr vorstellbaren Milieumerkmalen und der entsprechenden Terminologie[16] lebensecht; ihre epische Lebendigkeit steht zumindest teilweise gedanklicher Konstruiertheit fern. – Die Inhalte der Erzählungen kontrastieren vor allem mit späteren theologischen Selbstverständlichkeiten: Während etwa der Hexateuch (Genesis[1. Mose]–Josua) die Auszugs-, Wanderungs- und Landnahmeerzählung, ja eigentlich auch die Vätersage auf ganz Israel bezieht, wissen die Richtererzählungen, dass die betreffenen Kriege nur einzelne Stämme, vielleicht einmal sogar nur einen einzelnen Klan betrafen[17]; ein deuteronomistischer Erfinder hätte auch die Kriege der Richterzeit, wie die angebliche Landnahme unter Josua, von ganz Israel geführt werden lassen. Die Darstellung der Gestalt Josuas, nicht auch die der Führer-(»Richter«-)Gestalten des Richterbuchs verkörpert die deuteronomistische Ideologie[18]. Dazu ein Einzelmotiv: Die im Deboralied Ri 5 gleich zweimal bezeichnete Vorstellung, dass die Krieger Gott »zu Hilfe kommen« Ri 5,23[19], wäre für jede spätere Theologie einer Gotteslästerung gleichgekommen. – Das in seinem Kern nordisraelitische[20] Deboralied ist alt[21], was vor allem seine aramaisierende Sprache zeigt, die – in einem vergleichsweise marginalen Raum – einem Zustand angehört, in dem sich das Aramäische und das Hebräische *noch* nicht vollständig voneinander getrennt haben[22]. Freilich ist es sukzessiv entstanden: Epische Einzelelemente wie etwa V. 20, wonach nicht Jhwh, sondern die Sterne für »Israel« streiten, wurde im Geist altertümlicher Jhwh-Hymnen übermalt, so dass am Ende eine Art Psalm resultierte[23]. Ein solcher scheint in äußerster Kürze auch im ›Schilfmeerlied der Mirjam‹ Ex 15,21 vorzuliegen[24].

So ergibt sich: Wie fast alle Sagenüberlieferungen in der Welt enthalten die Erzählungen des Richterbuchs einen historischen Kern – mag dieser auch nur darin bestanden haben, dass man anschaulich wusste, wie heilige Kriege abliefen und dass man von den einzelnen Führergestalten Grunddaten kannte. Die gegenwärtigen wissenschaftlichen Bezweiflungen der Historizität sogar von Kernen solcher

Erzählungen mag eine maskierte ethische Ablehnung heiliger Kriege sein, die als theologisches Urteil zwar aller Ehre wert ist, sich aber als historisches Kriterium zu Unrecht einschleicht; dass, was heute nicht sein darf, auch früher nicht war, überzeugt nicht. Hier wirkt sich die Schätzung der betreffenden Texte als normativer ›Heiliger Schrift‹ für das historische Urteil negativ aus; überraschenderweise führt sie zu einer übertriebenen historischen Bibelkritik.

2a. Der ›heilige Krieg‹, wie ihn die Sagenüberlieferung darstellt, läuft nach einer rituellen Ordnung ab, die seine übernatürlich durchwirkte Ausnahmehaftigkeit gleichsam normalisieren soll.

Prophetische Aktionen z.T. magischer Art gehen dem Krieg voraus[25] oder begleiten ihn[26]. Der künftige Heerführer wird vom »Geist Jhwhs« ergriffen[27] und sucht seine Begeisterung mit suggestiven Aktionen weiter zu vermitteln[28]. Man stößt zum Aufgebot in das (Widder-?)Horn *(šôpār)*, worauf sich die Freiwilligen im Lager versammeln[29], wo Reinheitsvorkehrungen getroffen werden[30]. Wenn die Krieger einen positiven Orakelspruch empfangen[31], rüsten sie sich »vor Jhwe« und ziehen »hinter Jhwh her« in die Schlacht[32]. Wie auch die Freiwilligkeit sowie, damit verbunden, die geringe Hierarchisierung und Rollenteilung unter den Kriegern zeigen, hat das ganze Unternehmen einen enthusiastischen Charakter, was offenbar die Beteiligten in den Stand setzt, sonst gültige moralische Standards zu verletzen. Ein Kriegsgeschrei eröffnet die Schlacht[33]. Über Sieg oder Niederlage entscheidet – im Zusammenwirken mit den Kriegern – der Stammesgott Jhwh, wenn er wie vor ihm der Gewittergott Baʿl[34] Regen, Blitz und Donner, manchmal auch Schnee gegen die Feinde des *ʿam Jhwh* »Jhwh-Volkes« einsetzt[35]. Auf die Feinde fällt der »Gottesschrecken«, der ihre Schlachtreihen in Verwirrung versetzt und schließlich auflöst[36]. Dem Sieg folgt der »Bann«, d.h. die Übereignung der Beute an Jhwh[37], woraus eine spätere Kriegsideologie, insbesondere im Buch Josua, die Ausrottung der gesamten kanaanäischen Bevölkerung gemacht hat. Eine Krise findet so ihren inszenierten Abschluss; für die Zukunft ist der Bann eine instituierte Drohgebärde gegen neue Feinde und zugleich eine religiöse Abgrenzungsmaßnahme, was besonders für die exilisch-nachexilischen Redaktoren von Interesse war. Schließlich wird das Freiwilligenheer »zu seinen Zelten«, wie es nostalgisch heißt, also ins profane Leben, entlassen[38].

Auf dem Schlachtfeld wird Jhwh zum Kriegsgott: »Jhwh ist ein Kriegsmann«, heißt es in einem Mose zugeschriebenen Liede Ex 15,3 (vgl. Dtn 32,41 f.). Eins seiner Heiligtümer ist die Lade, die in die Schlacht mitgenommen wird, um dort – auf letztlich magische Weise – die Anwesenheit und somit das Eingreifen Jhwhs herbeizuzwingen[39]. Machtvolle Sprüche wie Num 10,35 wecken Jhwh auf, dass er aufstehe und gegen seine und Israels Feinde zur Hilfe komme[40]. Die seltsamen Gebärdungen in der Schlacht Gideons von Ri 7,16–22 wollen offenbar das Erscheinen Jhwhs im Kriege darstellen, d. h. herbeiführen[41]. Die Gottesbezeichnung *Jhwh ṣᵉbāʾôt* »Jhwh der Heere« bezieht sich ursprünglich auf das militärische Heer, das hinter Jhwh in den Krieg zieht[42]; erst später, als es keine heiligen Kriege mehr gab, hat man an das ›Heer‹ der Sterne oder der Engel als »Heer des Himmels« gedacht[43]. Eine Erbfeindschaft führt in einem Falle zu dem Ruf »Hand an das Panier Jhwhs. Krieg hat Jhwh mit Amalek von Geschlecht zu Geschlecht« (Ex 17,16). Am Ende prägt man den Terminus »Jhwh-Krieg« 1 Sam 18,17; 25,28 (vgl. Num 12,14; 1 Sam 17,45).

Allerdings sind die Anlässe der heiligen Kriege nicht religiöser Art; sie sind keine Glaubenskriege und haben erst recht keine ›missionarische‹ Absicht.Vielmehr geht es um das Überleben in der Auseinandersetzung mit Nachbargruppen in einem engen Lande mit relativ wenig fruchtbaren Böden. Die Funktion der Religion liegt zunächst bei der Bildung und Bekräftigung von kurzfristigen Allianzen, die von den Lebensumständen erzwungen werden; Religion kompensiert so den Mangel an gesellschaftlicher Stabilität, wie sie erst in Staaten geschaffen wird, und nicht zuletzt das Defizit an militärischer Ausrüstung.

All dies wirkt so altertümlich, wie es u. a. die von F. Schwally beigebrachten religionsgeschichtlichen Parallelen zeigen[44], dass von später ›Schreibtischarbeit‹ infolge einer in der Zeit des babylonischen Exils auferlegten politisch-militärischen Abstinenz weithin nicht die Rede sein kann; wie ein heiliger Krieg ablief, hatte man noch anschaulich vor Augen.

Dem weitgehend späten Postulat einer Alleinwirksamkeit Jhwhs bei der Entscheidung des Kriegsglücks entspricht es, wenn dem Heerführer in einer deuteronomistischen Kriegsideologie nur noch eine eingeschränkte Rolle nachgesagt wird[45]. Die ältere Terminologie freilich lässt anderes erkennen. Gewöhnlich heißt der Heerführer *šôpēṭ*, was missverständlich mit »Richter« übersetzt wird; ein *šôpēṭ* aber ist jemand, der seinem Volke – immer in einiger Konkurrenz zur rettenden Gottheit – ›Recht verschafft‹, der seinen *šālôm*, sein »Heil-Sein«, wiederherstellt[46]. Gelegentlich wird der Führer geradezu *môšîaᶜ* »Retter« Ri 3,9.15 genannt[47], wie denn das Verb *jšᶜ* »retten« häufig im Zusammenhang des heiligen Krieges begegnet[48]. Dem terminologischen Befund entspricht die zentrale Rolle, die der Heerführer in den vordeuteronomistischen Kriegssagen spielt.

b. Besonders anstößig für den aufgeklärten Christen ist der Tatbestand, dass das rettende Eingreifen Jhwhs am Schauplatz der militärischen Not seiner Verehrer den Sieg zum Medium der Offenbarung macht. In der historischen Realität mag es dinglicher zugegangen sein: Wie in den Nachbarkulturen[49] war der Krieg das Betätigungsfeld einer agrarischen Aristokratie, die wirtschaftlich und darum auch politisch weitgehend autark war[50]. Diese Oberschicht führte wahrscheinlich doch auch ihre Kriege vorwiegend nach politisch-ökonomischen Gesichtspunkten[51]; die Geschichte Sauls zeigt, wie Führerschaft in einem Verteidigungskriege weiteren politischen Aufstieg bewirkte. Gleichwohl war in der Frühantike das ganze Leben, also auch der Krieg, von Religion durchsetzt; vor allem dieser enthielt ein inkalkulables Risiko, für dessen Bewältigung das triumphale Eingreifen der Gottheit eintreten sollte. Entsprechend sucht die Kriegserzählung das Geschehen so zu gestalten, dass es eine Erfolgsgewissheit für die Zukunft schenkt; so finden sich am Ende des Deboraliedes die Verse:

> »die ihn lieben, werden sein
> wie die Sonne aufgeht in ihrer Heldenkraft« (Ri 5, 31a).

3a. Hier am ehesten finden sich Berührungspunkte mit einer gemeinorientalischen Kriegsfrömmigkeit. Vom Eingreifen mehrerer Götter in den Krieg redet schon das mittelbabylonische Tukulti-Ninurta-

Epos[52] aus dem 13. Jh. v. Chr., wonach Assur, Ellil, Sin, Adad, Šamaš, Ninurta, Ištar u. a. »Wind (und) Sintflut« gegen die Feinde des Königs ins Feld führen. Eine religiöse Kriegserzählung, u. a. mit Erwähnung des abschließenden Bannes, enthält die Siegesinschrift des auch aus der Bibel (2 Kön 3,4–27) bekannten Königs Mêšaᶜ von Moab aus dem 9. Jh. v. Chr. KAI 181[53]. Ein Kriegsorakel ganz in dem gleichen Aufbau, wie wir es aus dem Alten Testament kennen, findet sich in einer Siegesinschrift des Aramäerkönigs Zakkūr vom Anfang des 8. Jh.s v. Chr. KAI 202 A 13–15. Ähnliche Motive enthält auch eine neu entdeckte aramäische Inschrift aus Tel Dan des 9./8. Jh.s v. Chr.[54], dazu, ins Sportlich-Spielerische gewendet, eine Jagdinschrift des neuassyrischen Königs Assurbanipal (668–632[?])[55].

Alle diese Texte zeigen, dass keineswegs Jahrhunderte nötig sind, um einen Krieg zum ›heiligen Krieg‹ zu mythisieren; so kann man vermuten, dass auch im frühen Israel die Anfänge mündlicher Kriegserzählungen näher an die Ereignisse reichen, als ihre Verschriftungen, insbesondere deren Redaktionen aus der Zeit des babylonischen Exils und danach, erkennen lassen.

Schließlich ist auffällig, dass gerade mit Liebe und Sexualität befasste Göttinnen wie die babylonische Ištar, die kanaanäische ᶜAnat und Astarte oder die griechische Jungfrau Athene zugleich kriegerische Züge haben; Sexualität und Krieg sind zwei Seiten der gleichen starken Vitalität. Die Rüstung des toten Saul wird nach 1 Sam 31,10 bezeichnenderweise in einen Tempel der Astarte gebracht.

b. Eine Sakralisierung des Krieges kannte auch das antike Griechenland[56]. Auch hier gibt es einen rituellen Ablauf des Krieges, die Rolle von Sieg verkündenden Sehern, das Eingreifen einer Vielzahl helfender Götter als göttliche Epiphanie im Kriege, worüber die Stadtgöttin von Athen zur »Athena promachos« wird, die den Schlachtreihen voranschreitet, und der verklärte Herakles als »Kallinikos«, der mit dem schönen Sieg, erscheint. Auch die Griechen kennen keinen Krieg um der Religion willen – freilich Kriege um den Besitz von Heiligtümern, etwa um Delphi. Nach Herodot IX 81 wurde nach dem 3. Perserkrieg ein Zehntel des Beutewerts dem Apoll von Delphi gespendet. Sogar das Postulat göttlicher Alleinwirksamkeit beim Sieg ist in etwa bekannt; so soll Themistokles nach der Schlacht bei Salamis gesagt haben: »Nicht wir haben dies zustande gebracht, sondern die Götter und die (verklärten) Heroen (der Vergangenheit), die neidisch darauf waren, dass ein einziger Mann über Asien und Europa König sein sollte« (Herodot VIII 109).

4. Ansätze zu einer Kritik am Kriege, die hier nicht mehr unser Thema sind, liegen in zweierlei: (a) in der Wendung des »Jhwh-Tags«, wie der Tag des Jhwh-Krieges nun heißt, als Gericht gegen Israel[57], wobei Jhwh auf die Seite von dessen Feinden versetzt wird[58], und (b) in der Projektion eines für Israel heilvollen Jhwh-Tages, der sich gegen alle Völker richtet, an das Ende der Zeit – ohne aktive Teilnahme von Menschen[59], also nicht als eine von uns zu realisierende Utopie. In den Zusammenhang dieser Projektion des Jhwh-Kriegs ins Eschatologische gehören die bekannten Weissagungen eines messianischen Friedensreichs Jes 9,5 f.; 11,1–8 – gelegentlich ohne den Messias, als unmittelbares Reich Gottes Jes 2,2–4 = Mi 4,1–4 – oder als Himmelreich, das Jesus in sich selbst hereinbrechend sah.

III.

Gestatten Sie mir nun noch drei kurze Folgerungen.

1. Der Mensch als soziales Wesen braucht einen »kosmischen«, angstmindernden Raum, der von der eigenen Gemeinschaft bewohnt wird – im Unterschied von einem »chaotischen« Un-Raum, den der ›heilige Krieg‹ auszugrenzen suchte[60]. Die Globalisierung, die das Bedürfnis nach verteidigungsbereiter Eigenidentität mehr oder weniger ignoriert, ist trotz der gleichzeitigen Forderung einer internationalen und interreligiösen Verständigung wohl nur eine der letzten Illusionen der Aufklärung, die den irrationalen, gleichwohl aber lebenskonformen Elementen unserer Natur nicht genügend Beachtung schenkt. Vielmehr muss man dem politisch-kulturellen Bedürfnis nach einem Raum abgrenzbarer Eigenidentität Rechnung tragen, gerade wenn man Kriege verhindern will, zumal wir – abgesehen von konkurrenziellen Gemeinschaften mit verschiedenen Eigenidentitäten – infolge des technischen Fortschritts immer weniger Objekte zu fürchten haben, diese freilich z. T. um so mehr. Wir müssen jenes Bedürfnis frei-

lich auf andere als auf kriegerische Weise befriedigen, etwa indem wir ›Rituale‹ der Aggressionskontrolle[61], Modelle zur Umsetzung aggressiver Potentiale in kulturelle Kreativität[62] fördern, Empfängnisverhütung zulassen[63] und die Macht der Weltorganisationen stärken.

2. Während der Alte Orient und das antike Griechenland infolge der weitgehenden Toleranz polytheistischer Religionen Kriege zur Durchsetzung der eigenen Religion nicht kennen, scheinen die drei monotheistischen Religionen – auch in ihren ›konfessionellen‹ Aufspaltungen – infolge ihres kognitiven Absolutheitsanspruchs eine relativ größere Kriegsbereitschaft zu entwickeln, obwohl sie immer auch pazifistische Gegenkräfte ausgebildet oder gestärkt haben[64]. Religiös unterlaufene Kriege sind nun wirklich Glaubenskriege, die, kleingläubig, zur Durchsetzung der eigenen ›Wahrheit‹ geführt werden. Religion larviert – infolge unserer Neigung zu einfachen, kurzfristig wirksamen Reduktionen – einen doktrinalen Egoismus, der lebensfeindliche Kräfte freisetzt; entgegen ihrer humanisierenden Funktion trägt sie dazu bei, dass Widersprüche unserer biologischen und kulturellen Existenz, etwa das Gegeneinander von Dominanzstreben und Solidarität, Aggressivität und Fürsorglichkeit, in Sackgassen führen.

3. Parakriegerische Aktionen aus religiösem Fanatismus und ihre demokratisch-zivilisatorischen, aber oft ebenso kriegerischen Gegenaktionen haben uns in letzter Zeit vor eine politische Wirklichkeit gestellt, die mit den antiken heilig-unheiligen Kriegen einige Ähnlichkeiten aufweist. Staatlich legitimierte Gegenaktionen richten sich gegen Aktionen einer nicht-staatlichen Gewalt, deren Illegitimität durch Enthusiasmus kompensiert wird; der Enthusiasmus sucht und findet religiöse Motivationen. Im Blick auf Aktionen und Gegenaktionen ist zu befürchten, dass der Einsatz von Massenvernichtungsmitteln in den Händen Verantwortungsunfähiger das Ende der Menschheit oder des Lebens herbeiführt. Eine im Grunde lebensdienliche Angstbereitschaft wird durch religiöse oder postreligiöse Motivationen überdimensioniert und dadurch in der kollektiven und individuellen Psyche zu einem unproportionellen Faktor. Das Destruktionspotential, das in ›friedlich‹ geordneten Gesellschaften durch einen ausgleichenden Interaktionsmechanismus weithin stillgelegt ist, wird

aber auch dann aktualisiert, wenn elementare Orientierungen, deren die religiösen ein Teil sind, wirkungslos werden. Heute gehört Krieg weithin zu den rudimentären Strukturen, die einmal funktional waren[65], unter den Lebensbedingungen der Hochtechnik aber nur noch eine (natur-?)historische Belastung sind; das Entsprechende gilt von den meisten religiösen Motivationshilfen, wie sie etwa in die auf Augustin zurückgehende Lehre vom ›gerechten Krieg‹ eingegangen sind[66]. Abgesehen davon, dass immer am Krieg verdient wird, kann heute kein Krieg mehr gewonnen werden. Staatlich gegen nicht-staatliche Gewalt geführte Kriege werden, so steht zu befürchten, ›unsterblich‹, so wie der terroristische Gegner ›unsterblich‹ ist. Dass es immer weniger Gegnerstaaten gibt, dafür immer mehr anonyme Fronten, ist eine neue Dimension des Krieges, für die uns die ethischen Kategorien fehlen.

Wie auch immer – Religion muss jetzt dazu lebensdienlich sein, die irrationalen, insbesondere die destruktiven Anlagen in uns zwar wahrzunehmen, aber auch zu korrigieren, wenn es denn die Natur des Menschen ist, sich zu seiner Natur korrektiv zu verhalten. Die Ermutigung dazu kommt, da die Natur als solche nun einmal kein sittliches Vorbild sein kann, aus der christlichen Hoffnung auf eine Erlösung, die unsere Natur nicht aufhebt, sondern ihr zur Vollendung verhilft.

2

Krieg und Gewalt in der Geschichte des Christentums

von Thomas Hoppe

Im folgenden Beitrag soll es um eine grundsätzliche Auseinandersetzung mit dem Problem der Gewalt aus christlicher Sicht gehen. Sie wird der allmählichen Entwicklung theologisch-ethischer Reflexion über die hiermit zusammenhängenden Fragen folgen und deren wesentliche Argumente zu rekonstruieren suchen. Nicht näher betrachtet werden kann dabei das Verhältnis der systematischen Fragestellungen im Bereich der Sozialethik zu den großen Themenkomplexen der biblischen Anthropologie und der kirchlichen Dogmatik. Auch sei die Vorbemerkung gestattet, dass meine Ausführungen ihre Herkunft aus dem Raum der katholischen Theologie und dem ihr entsprechenden Ethikverständnis weder verleugnen können noch dies wollen. Doch vertrete ich die Auffassung, dass sich über so gut wie alle der im Folgenden dargestellten Positionen nicht nur ein gehaltvoller interkonfessioneller, sondern sogar ein wichtiger interreligiöser Dialog führen lässt. Denn die zu verhandelnden Sachprobleme mögen sich vielleicht in der Weise ihrer reflexiven Bestimmung bzw. sprachlichen Vermittlung unterscheiden, nicht jedoch in der Substanz – und daher gehen sie alle Diskutanten in durchaus ähnlicher Weise an. Die politische Situation der Gegenwart lässt uns keine Ausflüchte mehr, diesen notwendigen Dialog und die anstehenden Vergewisserungen länger hinauszuschieben.

I.

Die Frage nach der Stellung des Christen zum Problem der Gewalt trat in den ersten Jahrhunderten der Christentumsgeschichte keineswegs sofort, sondern eher allmählich als Herausforderung zutage. Denn zunächst stellten Christen im Römischen Reich eine verfolgte, marginalisierte Gruppe dar, und sie waren als solche auch vom Militärdienst ausgeschlossen. Etwa bis zum dritten Jahrhundert entstammten Christen fast ausnahmslos den unteren Schichten der Gesellschaft, sie durchliefen nicht die höhere Beamtenlaufbahn und hatten somit auch noch keinen Anteil an staatlicher Verantwortung. Dies erklärt, warum aus dieser Zeit kaum staatstheoretische bzw. -kritische Schriften überliefert sind. Vielmehr scheinen zwei Haltungen in den christlichen Gemeinden miteinander koexistiert zu haben:

- die eine akzeptierte die Existenz staatlicher Obrigkeit und maß daran die Entscheidungen der weltlichen Herrscher auch im Bereich von Krieg und Frieden;
- die andere, apokalyptisch geprägte, dachte im »Gegenüber von Gottesvolk und Mächten dieser Welt als gottfeindlicher Größe schlechthin«[1].

Gemeinsam ist beiden Positionen das Bewusstsein von der zeitlichen Begrenztheit und Vorläufigkeit irdischer Existenz, zumal im Kontext einer intensiven Naherwartung des Weltendes und der baldigen Wiederkunft Christi. Doch vermochte diese Vorstellung die Christen nur begrenzte Zeit der Notwendigkeit zu entheben, auch zu jenen ethischen Problemen Stellung zu nehmen, die durch die sozialen und politischen Begleitumstände ihrer irdischen Existenz unvermeidlich aufgeworfen wurden. Dies schon deswegen, weil die Zahl der Christen anwuchs und sie als eine weitgehend geschlossene Gruppe, die ihre innere Distanz zur heidnischen Umgebung wahrte, für letztere zunehmend sichtbar wurden.

So stellte sich alsbald die Frage nach dem Verhältnis der Christen zum römischen Staat und seiner durchaus imperialen Zielen folgenden Politik im allgemeinen sowie zum Militärdienst im besonderen. Dies vor allem, seit die Nachwuchsgewinnung für den Dienst in den römischen Legionen, die lange Zeit auf Freiwilligkeit beruht hatte, gegen Ende des zweiten nachchristlichen Jahrhunderts immer mehr durch Zwangsrekrutierungen abgelöst wurde, welche auch Mitglieder der christlichen Gemeinden erfassten. Ein Anlass für erste normative Klärungsprozesse in den Gemeinden war somit gegeben, und sie endeten damit, dass eine Teilnahme von Christen am Militärdienst zunächst abgelehnt wurde. Dies geschah im wesentlichen aus zwei Gründen:

- zum ersten wegen der Gefahr, dass Christen genötigt werden könnten, einen religiös zu verstehenden Eid auf den Kaiser zu leisten, an heidnischen Kulthandlungen teilzunehmen und damit dem Verbot des Götzendienstes zuwiderzuhandeln (Idolatrieverbot),
- zum anderen, weil das biblische Tötungsverbot als für Christen ausnahmslos verbindlich interpretiert wurde und für sie infolgedessen eine Unvereinbarkeit von Christsein und Ableistung des Militärdienstes zu konstatieren war.

Daher entwickelte sich zunächst das Motiv des »Gotteskämpfertums«, der *militia Christi:* Mit der Taufe tritt nach diesem Motiv, das sich bei nahezu allen frühchristlichen Autoren findet, der Getaufte in das Heer Christi ein und übernimmt ab nun die Aufgabe des Friedensdienstes in Gewaltlosigkeit und Gebet. Dies kann durchaus auch das Gebet für die politischen Herrscher Roms, ja sogar für deren Sieg im Krieg einschließen – eine Konzeption, die spätestens dann problematisch wurde, wenn die Gerechtigkeit der in den Kriegen Roms mit Gewalt verfolgten Sache nicht länger fraglos unterstellt werden konnte. Doch selbst diese Aufgabenteilung – Sache der Christen ist es, für den Sieg der kaiserlichen Legionen zu beten, nicht aber, selbst zum Schwert zu greifen – ließ sich in der sich entwickelnden großkirchlichen Praxis nicht lange durchhalten. Tertullian vertrat im dritten Jahrhundert zwar noch die Auffassung, dass ein Christ unter keinen Umständen Soldat werden dürfe. Er hielt aber im Fall eines Soldaten, der sich erst in diesem Stand zum Christentum bekehrte, dessen Verbleiben in der Armee für erlaubt, sofern der Betreffende kompromittierende Situationen, insbesondere Götzendienst und die Beteiligung am Töten vermeiden konnte[2].

Mit den Toleranzedikten des römischen Kaisers Konstantin zugunsten der Christen kam es ab 313 zu einer wesentlichen Veränderung der Problemstellung. Nunmehr traten die Christen aus dem Status der – im Grenzfall blutig verfolgten – Minderheit heraus, ja sie übernahmen im wachsenden Maße Verantwortung im Staat, in der Beamtenschaft, auch als Offiziere im römischen Heer. Schon im Jahr 314 bedrohte das Konzil von Arles solche Mitglieder der christlichen Gemeinden, die in Friedenszeiten von der Armee desertierten, mit der Strafe des Ausschlusses aus der kirchlichen Gemeinschaft.

Zwar war dies noch vereinbar mit der bislang geltenden Überzeugung von der strikten Verbindlichkeit des Tötungsverbotes für Christen: Wer sich weigerte, an einem Krieg teilzunehmen, war nicht exkommuniziert. Und doch zeigt diese Positionsbestimmung unübersehbar die veränderte Situation an, in der sich die auch institutionell immer stärker konturierte frühe Kirche befand: Sie sah sich nach der Aufhebung staatlicher Diskriminierungen als »Beschützer der römischen Ordnung«, die sich in der *pax Romana* mitsamt ihren militärischen Komponenten manifestierte. Doch diese Ordnung, einschließlich der zunehmend von außen bedrohten Grenzen des römischen Reiches, war selbst infolge von Eroberungskriegen entstanden, die der frühchristliche Schriftsteller Laktanz scharf als ungerechtfertigte Gewaltanwendung kritisiert hatte, und damit Ergebnis einer imperialen Konzeption[3]. Neben die individualmoralische Fragestellung, ob einem Christen die Beteiligung an der Ausübung tödlicher Gewalt erlaubt sein könne, trat somit ein grundlegendes Problem politischer Ethik: Unter welchen Voraussetzungen nämlich von der Kirche als verfasster Institution jene Gewalt gebilligt werden könne, die von einem Staat ausgeübt wird, welcher der christlichen Kirche nicht mehr ablehnend, ja feindlich gegenübersteht, vielmehr selber einen Raum schafft, in dem sich kirchliches Leben im Grundsatz unbehindert vollziehen und entfalten kann.

Dies ist der historische Kontext, in welchem sich die Kirchenväter Ambrosius und Augustinus schließlich an den viel älteren rechts- und staatsphilosophischen Überlegungen Ciceros und der Stoa über Krieg und Frieden orientierten. Sie holten wesentliche Elemente dieses Denkens in den christlichen Reflexionsraum hinein – es begann die Ausarbeitung dessen, was später als christliche Lehre vom »gerechten Krieg« zu einem *tractatus classicus* geworden ist. Doch brach deswegen die Traditionslinie, die an der unbedingten Verbindlichkeit der Forderung nach Gewaltlosigkeit für Christen festhält, keineswegs ab. So galt unverändert für die mönchische Nachfolge Christi, dass der, welcher sich zu ihr entschloss, zeichenhaft vom Militärdienst dispensiert war. Allerdings wurde diese Haltung der Abstinenz vom Militärischen nicht mehr verpflichtend für jeden Getauften, sondern eben nur mehr für eine kleine Gruppe von Asketen. Auch der grundlegende theologische Zweifel an der Erlaubtheit der Gewaltanwendung für einen Christen verstummte keineswegs, wohl aber erwies er sich über die folgenden Jahrhunderte als entscheidend geschwächt. Dazu trug nicht unwesentlich bei, dass es der verfassten Kirche wiederholt möglich wurde, staatliche Macht – selbst militärische – für die Verfolgung eigener Anliegen, bis hin zur kriegerischen Bekämpfung der »Feinde Christi«, in Dienst zu nehmen[4]. Aber die Kritik an den konkret erfahrenen Formen kriegerischer Gewaltanwendung und an der oft allzu sorglosen Weise ihrer Legitimierung ist nie verstummt – sie findet sich in den Bußbüchern seit dem neunten Jahrhundert[5] ebenso wie in manchen Strängen der theologischen Kreuzzugskritik[6]. In der spanischen Spätscholastik, auf der Schwelle zur Neuzeit, wurde sie zum entscheidenden Motiv einer theologisch-ethischen Neubestimmung der Position zu Krieg und Gewalt – letzteres freilich noch im Rahmen des vorherrschenden Paradigmas, der Theorie des »gerechten Krieges«.

II.

Augustinus selbst hat bezeugt, dass er weit davon entfernt war, sich über die Wirklichkeit kriegerischer Gewalt Illusionen hinzugeben. An einschlägiger Stelle diskutierte er die Frage, worin das Verwerfliche dieses Handlungsmodus liege, und beantwortete sie, indem er dessen Realität beschrieb: Das Verlangen, Schaden zuzufügen, die Grausamkeit der Rache, den friedlosen und unversöhnlichen Geist der Kämpfenden, die Rohheit im Kampf, die Sucht nach uneingeschränkter Herrschaft über den Gegner und dergleichen beklagenswerte Übel und Ungerechtigkeiten mehr[7]. Daher ging es ihm gerade nicht darum, einer theologisch eingekleideten Entgrenzung der Gewalt das Wort zu reden, sondern »eingrenzende Kriterien« zu formulieren, »die die jeweilige geschichtliche Situation berücksichtigen und Lösungsmöglichkeiten für diese Situation vorgeben«[8]. Inhaltlich bestimmen sich diese Kriterien analog den Bedingungen, die Cicero genannt hatte: Es müsse ein Unrecht vorliegen, das zu beseitigen der Gegner trotz aller Bemühungen um eine friedliche Verständigung verweigere; der Krieg müsse von zuständiger Autorität förmlich erklärt werden und es seien auch in dieser Situation die allgemeinen Rechtsgrundsätze unter den Kämpfenden zu wahren[9]. Bereits Cicero stellte also klar, dass Krieg kein einfachhin rechtloser Zustand ist, und machte die Rechtfertigungsfähigkeit des Griffs zur Gewalt eben an der Einhaltung dieser rechtlichen Standards fest. Augustinus ging über dieses Argument noch substanziell hinaus, indem er forderte, dass der Krieg aus dem Interesse an einem künftigen besseren Friedenszustand und aus einer Haltung der Nächstenliebe auch gegenüber dem Sünder geführt werden müsse – was impliziert, dass das Ausmaß der Gewaltanwendung nicht gegen dieses Liebesgebot verstoßen darf.

Und dennoch erweist sich der augustinische Ansatz als überaus ambivalent, sobald man ihn aus der Warte dessen betrachtet, dem die wirksame Begrenzung des Gewaltniveaus in einem Krieg, der nicht vermieden werden konnte, am Herzen liegt. Denn sein theologisches Interesse auch am Krieg führte Augustinus dazu, einen »gerechten Krieg« nicht nur als Akt der Herstellung irdischer Gerechtigkeit, sondern zugleich als Vollzug eines Strafgerichts Gottes an den Sündern zu konzipieren, die nach seiner Überzeugung auf der Gegenseite kämpften. Spätere Autoren bzw. Kommentatoren des augustinischen Ansatzes konnten sich gerade auf diese Vindikativfunktion kriegerischer Gewalt beziehen. Hierdurch wurde ein wesentlicher Beitrag dazu geleistet, dass es in Wirklichkeit nicht zu einer *Be-*, sondern zu einer zunehmenden *Ent*grenzung im Verständnis dessen kam, was noch als legitime Gewaltanwendung zu betrachten sei. Immer mehr Tatbestände schienen so unter den Begriff der gerechtfertigten Gewaltanwendung subsumiert werden zu können, nicht nur säkularrechtlich beschreibbare Unrechtsverhältnisse, sondern auch Gewalt gegen Häretiker, bis hin zu Kreuzzügen und der späteren Inquisition.

Auch nachdem Thomas von Aquin in einem berühmt gewordenen Abschnitt seiner *Summa theologica* die augustinische Position systematisiert und eingeschärft hatte[10], ging der Streit darüber weiter, wie weit die Bedingung der *iusta causa*, des die Anwendung von Gewalt rechtfertigenden Grundes, ausgelegt werden könne. Joseph Höffner, späterer Kardinal von Köln und Vorsitzender der Deutschen Bischofskonferenz, verwies in seiner grundlegenden Studie »Kolonialismus und Evangelium« darauf, vornehmlich Papst Innozenz IV. habe der Vorstellung Nahrung gegeben, nicht nur Unrecht gegen Menschen, sondern jegliche Sünde und Schuld vor Gott könne als iusta causa betrachtet werden. Unrecht gegen Gott könne sein »erstens die Übertretung des Naturgesetzes, zweitens der heidnische Unglaube als solcher und drittens die Weigerung, Glaubensboten zur Predigt … zuzulassen. Damit war theoretisch das Verhältnis zu den Heidenvölkern als dauernder Kriegszustand gekennzeichnet«[11]. Höffner betont, weil die Konzeption des »gerechten Krieges« »als ein Gottesgericht über das Unrecht«[12] religiöse Züge getragen hätte, habe der Krieg gerade dann seine »furchtbare Totalität« entfaltet, wenn nicht Christen einander gegenüberstanden, sondern der Kampf gegen Nichtchristen geführt wurde[13].

Es war deswegen eine herausragende Leistung der spanischen Spätscholastik, also von Autoren wie Francisco de Vitoria und Francisco Suárez, herauszuarbeiten, dass religiöse Differenzen welcher Art auch immer keinesfalls einen legitimen Kriegsgrund darstellen können. Dadurch trugen diese Autoren entscheidend dazu bei, dass dem politisch motivierten Missbrauch der Theorie des »gerechten Krieges« zur Legitimation nahezu unbegrenzter Gewaltanwendung entgegengewirkt werden konnte. Gründe, die unter strengen Voraussetzungen einen Griff zur Gewalt zu rechtfertigen vermögen, lassen sich den Spätscholastikern zufolge ausschließlich auf naturrechtlicher Basis gewinnen, d. h. mit Argumenten, die jedem Menschen im Licht seiner natürlichen Vernunft einsichtig seien. Als naturrechtlich gesichert galt für Suárez beispielsweise das Prinzip *vim vi repellere licet* – es ist erlaubt, Gewalt mit Gewalt abzuwehren –, aber keineswegs gleichermaßen die Berechtigung zu einem Offensivkrieg. Dieser stelle vielmehr lediglich eine gewohnheitsrechtlich gewordene Form völkerrechtlicher Vergeltung für erlittenes Unrecht dar, und seine angenommene Erlaubtheit sei nicht auf ein zwingendes Vernunftargument zurückzuführen. Dadurch, dass die Spätscholastiker ihre Positionsbestimmungen zum Gewaltproblem strikt an naturrechtliche Überlegungen banden, gelang es ihnen auch, die übrigen Voraussetzungen für eine rechtfertigungsfähig erscheinende Gewaltanwendung in kohärenter Weise zu erläutern: Sie muss angesichts der mit ihr verbundenen schwerwiegenden Übel das äußerste Mittel sein, eine vernünftige Aussicht auf Erfolg bieten usw. Die Argumentation folgt durchgängig dem Prinzip, dass zwischen den Übeln, denen Gewaltanwendung wehren soll, und denjenigen, welche durch solche Gewaltanwendung überhaupt erst verursacht werden, eine Proportionalität bestehen muss. Wäre Gewaltanwendung insgesamt nur mit noch schlimmeren Übeln verbunden als der Verzicht auf sie, dann hätte man sie zu unterlassen. Es versteht sich von selbst, dass in einer solchen Perspektive nicht jedweder Unrechtstatbestand, sondern nur Unrechtsverhältnisse von äußerster Schwere als Gründe in Betracht kommen, die eine Anwendung von Gewalt zu legitimieren vermögen. Zudem arbeitete Vitoria den Gedanken aus, dass die Frage nach den voraussichtlichen Folgen möglicher Gewaltanwendung und ihrer Verhältnismäßigkeit am Maßstab des Wohls der gesamten Völkergemeinschaft zu prüfen ist und nicht nur unter der Interessenlage eines partikularen Staates. Diese Klärung geriet freilich in den nachfolgenden Jahrhunderten wieder zunehmend in Vergessenheit und ist offenbar auch heute keineswegs selbstverständlich.

Noch in mindestens zwei weiteren Hinsichten gilt es die Leistung der Spätscholastiker zu würdigen. Zum einen hatten Augustinus und die ihm folgende Tradition den »gerechten Krieg« der Christen ja nicht nur als Beseitigung innerweltlichen Unrechts, sondern stets zugleich auch als Bestrafung für die regelmäßig unterstellte moralische Schuld der jeweiligen Gegner an eben diesem Unrecht verstanden. Dies ließ sich jedoch in der Auseinandersetzung mit den kulturellen Mustern fremder Länder, einschließlich der dort herrschenden inhaltlichen Vorstellungen von dem, was als moralisch richtig zu gelten habe, nicht mehr unhinterfragt voraussetzen. Im Gegenteil stellte sich für Vitoria die Frage, ob es nicht gewaltförmige Konfrontationen geben könne, in denen man auf beiden Seiten subjektiv aufrichtig davon überzeugt sei, dass man selbst sich im Recht befinde und der Gegner demzufolge im Unrecht. In der Situation eines solchen *bellum iustum ex utraque parte* jedoch werde die sachliche Begründung für den angenommenen Strafcharakter jedes als gerecht verstandenen Krieges hinfällig, nämlich das Vorliegen schwerer moralischer Schuld auf Seiten des Gegners. Zumindest von den Untertanen, so Vitoria, sei anzunehmen, dass sie oftmals in solcher Weise in gutem Glauben kämpften. Daraus folgt unmittelbar, dass man sich im Kampf dann bestimmter Mittel und Methoden, die lediglich unter dem Strafaspekt rechtfertigungsfähig erscheinen konnten, nicht mehr bedienen durfte. Die Wahrnehmung der Spätscholastik, dass die Unterstellung moralischer Schuld auf Seiten des Gegners bei näherem Hinsehen fragwürdig werden kann, überwand so zugleich eine Perspektive, in welcher dessen Handeln letzten Endes in jedem Fall als verbrecherisch inkriminiert werden musste. Damit öffnete sich ein breites Tor für solche Überlegungen, denen es um die nicht nur ethische, sondern auch rechtliche Einhegung des Krieges und um die Eindämmung seiner Schrecken und Verwüstungen geht. Denn gerade wo straftheoretische Konzepte immer weniger überzeugen, tritt das Problem des Übermaßes an Gewalt, in das selbst ein vom Anlass her für gerecht gehaltener Krieg schnell umschlagen kann, um so stärker in den Blick.

Dies lenkt die Aufmerksamkeit auf eine weitere große theoretische Leistung der Spätscholastiker. Sie widmeten sich erstmals eingehend denjenigen Fragen, die man üblicherweise unter dem Begriff des *ius in bello*, des während des Kriegs verbindlichen humanitären Völkerrechts, subsumiert. Auf diese Weise leisteten sie eine entscheidende Vorarbeit für die spätere juristische Kodifizierung solcher Standards, auch wenn gleich zu Beginn festzuhalten ist, dass es sich dabei um Minimalgebote handelt. Selbst dort, wo diese eingehalten werden, verliert kriegerische Gewalt für die von ihr Betroffenen nichts von seinem verheerenden und grausamen Grundcharakter. Das moralische Anliegen besteht jedoch darin, wenigstens dem Mäßigungsgebot in der Gewaltanwendung zur stärkerer Durchsetzung zu verhelfen, wo schon erfahrungsgemäß die primäre Aufgabe der Kriegsverhinderung in so vielen Fällen verfehlt wird. Daher beschränkten die Spätscholastiker ihre Argumentation auch nicht auf das zu fordernde Verhalten in der Gewaltsituation selbst, sondern fragten ebenso danach, welcher Umgang mit einem unterliegenden Gegner nach dem Ende der Gewaltphase geboten ist – vor allem um der Schonung von Menschenleben willen, aber zugleich im Interesse eines für beide Seiten gerechten Friedens.

Es ist im jetzigen Kontext nicht möglich, solche wegweisenden normativen Klärungen im einzelnen nachzuzeichnen – auch wenn es lohnend wäre und für die Gegenwart von unveränderter Aktualität ist. So beschränke ich mich darauf, lediglich das Ergebnis dieser ethischen Diskurse, die sich allmählich zu völkerrechtlichen Verbindlichkeiten verdichteten, zu referieren. Bekannt ist das wohl grundlegendste Prinzip des humanitären Völkerrechts, die Verpflichtung, Personen, die keinen Kombattantenstatus haben, von Kampfhandlungen zu verschonen bzw. sie gegen solche zu schützen[14]. Dieses Prinzip ergibt sich daraus, dass von Nichtkombattanten selbst keine Gefahr der Gewaltanwendung ausgeht – jeder direkte Angriff gegen sie wäre deswegen ein Akt des Terrors und würde den Tatbestand eines Kriegsverbrechens erfüllen. Hier geht es also nicht um die Frage nach einer eventuell ideellen, politisch-moralisch zu verstehenden Mitverantwortung von Nichtkombattanten für die Entstehung der Gewaltsituation selbst. Denn mit diesem Ansatz würde letztlich jede gewaltbegrenzende Normierung zum Einsturz gebracht und der Legitimierung unterschiedsloser Gewalt im Namen von Theorien des »totalen Krieges« der Weg bereitet. Will man solche Konsequenzen vermeiden, so hat man sich auf die Prüfung der Frage zu beschränken, von welchen Akteuren konkrete Gewalt ausgeht und wie ihre schädigenden Wirkungen vereitelt werden können.

Zum Prinzip der Unterscheidung von Kämpfenden und Nichtkämpfenden hinzu tritt die Verpflichtung, auch kriegsvölkerrechtlich nicht verbotene Gewaltanwendung gegen Kombattanten strikt auf das unvermeidlich erscheinende Minimum zu begrenzen. Zumal dort, wo sie zu weiterer Gewaltanwendung selbst nicht mehr fähig, also Verwundete oder Gefangene sind, stellt deswegen jeder weitere Akt der Gewalt eine schwerwiegende Durchbrechung rechtlicher und ethischer Schranken dar. Und schließlich hat auch während rechtlich erlaubter Kampfhandlungen das Proportionalitätsargument Berücksichtigung zu finden. Eine unverhältnismäßige Gewaltanwendung ist stets unerlaubt, gegen wen auch immer sie sich richten mag. Besondere Sorgfalt verlangt dieser Grundsatz dort, wo mit der Bekämpfung militärischer Ziele unvermeidlich die Schädigung auch ziviler Objekte und die Gefährdung oder gar vorhersehbare Zerstörung des Lebens von Nichtkombattanten verbunden ist. Die aktuellen Entwicklungen im humanitären Völkerrecht, insbesondere das Erste Zusatzprotokoll zu den Genfer Abkommen aus dem Jahr 1977, suchen deswegen das für alle Seiten verbindliche Normensystem so weit zu konkretisieren, dass einer allzu leichten Rechtfertigung sogenannter »Kollateralschäden« im Namen militärischer Notwendigkeiten der Boden entzogen wird.

Die Argumentation der Spätscholastiker zum Problem des Kriegs schloss mit grundsätzlichen Überlegungen zu den Möglichkeitsbedingungen eines gerechten Friedens. Immer wieder verwiesen sie auf die moralische, im Recht zu kodifizierende Bindung des Obsiegenden an die Prinzipien der Billigkeit und Menschlichkeit. Gerade der Überlegene soll in weitem Umfang Großmut und Milde jedenfalls gegenüber jenen Unterlegenen walten lassen, die nicht selbst Verbrechen angeordnet oder begangen haben. Suárez betonte, auch in einem Krieg, der nach den bisher entwickelten Kriterien als gerecht zu bezeichnen wäre, sei es immerhin möglich, gegen die Forderungen der Liebe – *contra caritatem* – zu verstoßen. Er benutzte zur Erläuterung eine Analogie aus der Beziehung von Privatpersonen untereinander; auch wer von einem anderen zu Recht die Begleichung einer Schuld verlange, könne gegen die Liebe sündigen,

> »wenn nämlich der Schuldner dadurch sehr großen Schaden erleidet, während die Sache dem Gläubiger gar nicht so notwendig ist«[15].

Dann aber hängt die sittliche Beurteilung von Gewaltanwendung nicht nur davon ab, ob diese nicht gegen die sie eingrenzenden Normen verstößt, sondern es kann durchaus der Fall eintreten, dass man zum Verzicht auf einen grundsätzlich gerechtfertigten Anspruch aus schwerwiegenden Gründen verpflichtet wäre. Es spricht sogar vieles dafür, dass gerade die Forderung nach Mäßigung, danach, sich nicht von den Versuchungen des Hasses und der Rache fortreißen zu lassen, erst dort wirklich handlungsleitende Kraft zu entwickeln vermag, wo man die Frage der Gewalt nicht nur unter Gerechtigkeitsgesichtspunkten diskutiert, sondern wahrnimmt, dass das christliche Verständnis von Nächstenliebe über solche Gerechtigkeit substanziell hinausreicht.

III.

Die bisherige Erörterung hat gezeigt: Das Problem der Gewalt begleitet das Christentum seit seinen Ursprüngen, und die Auseinandersetzung damit führt zu dem Versuch, die ethischen Probleme eines unbedingten Verzichts auf jegliche Gewalt dadurch zu vermeiden, dass die Legitimität von Gewaltanwendung an strikte ethische Bedingungen gebunden wird. Doch handelte man sich dadurch neue ethische Probleme ein, vor allem die Gefahr, dass diese Theorie entgegen ihrer Intention zur scheinbaren Legitimation von faktisch ungerechten Kriegen verwendet und somit missbraucht wurde. Die Bemühungen am Beginn der Neuzeit um weitergehende Schärfung der Kriterien moralischer Urteilsbildung, um ihre Ausdifferenzierung und womöglich rechtliche Kodifizierung bezeugen, dass man sich dieser Gefahr immer stärker bewusst wurde. Hinzu kam jedoch mit der Zeit ein weiteres Problem, das damals jedenfalls nicht im Vordergrund stand: Man war mit der Tatsache konfrontiert, dass das Aufkommen neuer waffen- und transporttechnischer Möglichkeiten die Einhaltung der ethisch gezogenen Grenzen immer mehr unterhöhlte.

Angesichts der Schrecken und Verwüstungen des Zweiten Weltkriegs stellte Papst Pius XII. in seiner Weihnachtsbotschaft aus dem Jahr 1944 ausdrücklich fest, »dass die Theorie des Krieges als eines tauglichen und angemessenen Mittels, zwischenstaatliche Streitfragen zu lösen, nunmehr überholt sei«[16], und erklärte, durch die fortschreitende Zerstörungswirkung der modernen Kampfmittel habe »sich die Unsittlichkeit jenes Angriffskrieges nur augenscheinlicher gemacht«[17]. Er rief die Menschheit dazu auf, den Angriffskrieg endgültig zu ächten und sich für die Schaffung »eines Organs zur Aufrechterhaltung des Friedens« zu engagieren, »eines Organs, auf Grund gemeinsamen Beschlusses ausgestattet mit höchster Machtvollkommenheit, zu dessen Aufgabenkreis es gehören würde, jedwede Bedrohung durch Einzel- oder Kollektivangriff im Keime zu ersticken«[18]. Die Kategorie des rechtfertigenden Grundes zur Anwendung von Gewalt beschränkt sich fortan auf Verteidigung gegen einen bereits stattfindenden, allenfalls noch gegen einen unmittelbar bevorstehenden[19] gewaltsamen Angriff, werde diese Verteidigung nun einzelstaatlich oder kollektiv geleistet. Präventivkriege hingegen, also Kriege, die zur Verhinderung einer erst zukünftig möglicherweise entstehenden Bedrohung geführt werden, sind damit zweifelsfrei der Kategorie des sittlich verwerflichen Angriffskriegs zuzuordnen.

Endgültig in die Krise gerät das Paradigma »gerechter Krieg« allerdings durch den Beginn des Nuklearzeitalters. Dies freilich durchaus nicht in dem Sinn, dass die christlichen Positionsbestimmungen einfachhin aufgegeben würden – im Gegenteil: Pius XII.[20] und hernach das Zweite Vatikanische Konzil verurteilen unter Zuhilfenahme der Kriterien des *bellum iustum* jede Kriegführung, die sich der Kontrolle des Menschen immer mehr zu entziehen droht und auf unterschiedslose Vernichtung hinausläuft. Das entscheidende Problem sieht das Konzil hierbei nicht so sehr darin, dass jemand eine solche Menschheitskatastrophe bewusst herbeizuführen trachtet. Vielmehr lautet die Argumentation an einschlägiger Stelle: »Die besondere Gefahr des modernen Krieges besteht darin, dass er … denen, die im Besitz neuerer wissenschaftlicher Waffen sind, die Gelegenheit schafft, solche Verbrechen zu begehen, und in einer Art unerbittlicher Verstrickung den Willen des Menschen zu den fürchterlichsten Entschlüssen treiben kann«[21].

In eher deskriptiver Begrifflichkeit formuliert, handelt es sich hier um das Problem der ungewollten, zugleich aber nicht abwendbaren Eskalation der Gewalt. Schon Carl von Clausewitz hatte in seinem berühmt gewordenen militärtheoretischen Standardwerk »Vom Kriege« auf dieses Phänomen hingewiesen und davor gewarnt, dass jedem Krieg die Tendenz innewohne, seine Intensität bis zum äußersten Maß an Gewaltförmigkeit zu steigern. Auch die deutschen Bischöfe mahnen in ihrem gemeinsamen Wort »Gerechter Friede« vom September 2000 eindringlich, diese Gefahr nicht zu unterschätzen; sie formulieren unter Bezugnahme auf den soeben zitierten Passus des Konzils: »Ein ethisches Kernproblem jedes bewaffneten Konflikts liegt … darin, dass er eine Eigendynamik freisetzen und deshalb nur allzu leicht in einem Übermaß an Gewalteinsatz enden kann. Auch dort, wo man zunächst annimmt, die Bedingungen für eine Kontrolle des Geschehens seien günstig, wird es auf Dauer immer schwieriger, die Regeln des Rechts im Kriege *(ius in bello)* zu beachten. Die Folgen ihrer Verletzung hat vor allem die Zivilbevölkerung zu erleiden. Der Krieg wird überdies oft als Freiraum genutzt, in dem sich die ›Lust am Bösen‹ ungestraft austoben kann. Vor dieser gefährlichen Versuchung ist niemand gefeit«[22]. Diese Mahnung steht innerhalb eines Abschnitts, der der vieldiskutierten Problematik sogenannter humanitärer Interventionen gewidmet ist. Deutlich wird hieran, dass die Bischöfe das Eskalationsproblem keineswegs lediglich im Kontext großräumiger konventioneller oder womöglich nuklearer Auseinandersetzungen für gegeben halten. Sie tragen damit der immer wieder von neuem bestätigten Erkenntnis Rechnung, dass die Anwendung kollektiver Gewalt in den seltensten Fällen so verläuft, wie es Planer zuvor konzipiert hatten. In den Worten eines angesehenen US-amerikanischen militärstrategischen Analytikers: »History is filled with unpredicted worst cases that did happen«[23].

Als intelligibles Konzept vermag so gerade in der Moderne die Theorie der in Grenzen rechtfertigbaren Gewaltanwendung weitaus eher zu überzeugen als dort, wo man sie auf ihre praktischen Realisierungsbedingungen hin reflektiert und mit konkreten Gewalterfahrungen in Beziehung setzt. Die wirklich bedeutenden, in die Tiefe gehenden Gespräche über das ethische Problem der Gewalt – unter Christen aller Konfessionen, aber auch mit Angehörigen nichtchristlicher Religionen – täuschen sich über diese Gegebenheiten nicht hinweg. In den USA forscht und publiziert James Turner Johnson seit Jahrzehnten über die Theorie des »gerechten Krieges«, und er tritt unverändert für die moralischen Standards ein, die diese Theorie ausgearbeitet hat. Johnson schreibt in einer Veröffentlichung aus dem Jahr 1999, man könne durchaus mit Erasmus von Rotterdam der Auffassung sein, dass Brutalität und Grausamkeit zum Wesen des Kriegs selbst gehörten und es daher eine gerechtfertigte Anwendung organisierter Gewalt zwar in der Theorie, nicht jedoch in der empirischen Welt geben könne[24]. Wenn diese Betrachtungsweise zutrifft, so droht letztlich jeder in Schuld zu geraten, auch jener, welcher sich mit den besten Intentionen am Krieg beteiligen mag – gegen seinen Willen, doch nicht ohne sein Zutun – unvermeidlich[25].

Dies ist der moralische Kern der pazifistischen Kritik am Paradigma des »gerechten Kriegs«, einer Kritik, die über die Jahrhunderte nie verstummt ist, weil sie beständig auf die immer neue Bestätigung überkommener Erfahrungen mit der Entgrenzung der Gewalt verweisen konnte. Der Gegeneinwand ist hinlänglich bekannt: Soll man vor fremder, ungerechter Gewalt kapitulieren, zumal wenn diese schutzlosen Dritten gilt, die man zu verteidigen imstande wäre? Auch dieses Argument hat einen moralischen Ernst und darf deswegen nicht vorschnell und ungeprüft als Verdeckung unlauterer Absichten denunziert werden. So wird deutlich, dass *beide* Positionen – der Verzicht auf jegliche Gewaltanwendung ebenso wie die bedingte, an strenge Voraussetzungen gebundene Bejahung solcher Gewalt – über einen genau benennbaren Punkt hinaus nicht mehr zu überzeugen vermögen. Der jeweilige Einwand trifft die Gegenposition tatsächlich an ihrer schwächsten Stelle.

So führt das ethische Problem der Gewalt letztlich in eine Aporie. Der Philosoph Walter Brugger hat vor Jahren diesen Begriff der Aporie wie folgt näher erläutert: Er bezeichne »die Schwierigkeit oder auch Unmöglichkeit, ein Problem zu lösen. Aporien treten auf, wenn sich bei einer Frage verschiedene Lösungen darbieten, die sich alle mehr oder weniger begründen lassen. Zur Aporie gehört, dass sie in der Sache selbst oder in den Begriffen, mit denen sie gefasst werden muss, gründet«[26]. Eben diese Situation scheint hier, bei der ethischen Reflexion über die Gewalt, vorzuliegen. Bislang ist nicht zu erkennen, wie ein theoretischer Ausweg aus dieser Schwierigkeit gefunden werden könnte. Wohl aber ist es unvermeidlich – und daher seinerseits Gegenstand ethischer Reflexion – sich praktisch dazu zu verhalten.

IV.

Die vorrangige ethische Verpflichtung, so wurde vorhin formuliert, bestehe darin, der Gewalt zuvorzukommen. Erster Imperativ muss es sein, durch gewaltpräventives Handeln zu vermeiden, überhaupt in Situationen zu geraten, in denen man nur noch die Wahl zwischen im Grunde unakzeptablen Alternativen hat. Diese Einsicht nehmen die jüngsten friedensethischen Verlautbarungen der christlichen Kirchen – das erwähnte Wort der katholischen Bischöfe wie etwa ein Jahr danach die Verlautbarung der Evangelischen Kirche in Deutschland »Friedensethik in der Bewährung«[27] – zum gemeinsamen Ausgangspunkt. Gemeinsam ist ihnen auch die programmatische Orientierung an der Leitperspektive des gerechten Friedens. Die Theorie des »gerechten Krieges« wird dabei gewissermaßen »gegen den Strich gebürstet«: Wenn Gewaltanwendung, um rechtfertigungsfähig zu sein, den Charakter der *ultima ratio* haben muss, »dann heißt dies positiv: Äußerste Anstrengungen, Gewalt zu vermeiden, sind nicht bloß empfohlen, sondern im strikten Sinne verpflichtend«[28]. Die grundlegende Suchrichtung geht dahin, konkrete Aufgaben zu identifizieren und Wege zu benennen, auf denen es gelingen kann, den übergreifenden Zielen konstruktiver Konfliktbearbeitung, einer weltweiten Verwirklichung der Menschenrechte und der Herstellung von mehr Gerechtigkeit näher zu kommen – innerhalb von einzelnen Staaten wie in den internationalen Beziehungen. Alle eher instrumentell orientierten Überlegungen, etwa diejenige, wie Institutionen und Organisationen im Feld der Politik unter sich verändernden Rahmenbedingungen weiterzuentwickeln wären, müssen in diese Zielperspektive eines gerechten Friedens eingeordnet werden.

Erst in dieser Perspektive lassen sich auch herkömmliche politisch-ethische Kontroversen zwischen Pazifisten und Nichtpazifisten zwar nicht gänzlich überwinden, aber doch auf den Raum jener

Grenzsituation beschränkt halten, deren unterschiedliche Beurteilung die entscheidende Differenz beider Positionen bezeichnet. Die Position des Pazifismus wäre grob verzeichnet, würde sie auf die lediglich individuelle Verpflichtung auf eine Praxis radikaler Gewaltlosigkeit reduziert. Ganz im Gegenteil finden sich in den Texten der Antikriegsbewegung des späten 19. und des beginnenden 20. Jahrhunderts viele Belege für den »politisch-institutionellen« Charakter des verfolgten Programms: Generell geht es darum, politisch-rechtliche Modelle auszuarbeiten, in denen eine Überwindung des Krieges und der Gewalt realisierbar erscheint, also nach solchen Strukturen zu suchen, die geeignet sind, das internationale System friedensfähiger zu machen.

In einem solchen Selbstverständnis werden Pazifisten nicht durch den verbreiteten Vorwurf getroffen, sie überließen letzten Endes die unfriedlichen Realitäten der Welt sich selbst, ja sie blieben den auch ethisch einzufordernden Beitrag schuldig, mit den Opfern des Unfriedens solidarisch zu sein und durch Gewaltanwendung verursachtes Leid zu verhindern oder wenigstens zu lindern. Die katholischen Bischöfe können deswegen formulieren, dass »eine Politik der Gewaltvorbeugung … letzten Endes nur dann zum Erfolg führen [kann], wenn sie vom Geist der Gewaltfreiheit inspiriert [wird] … Nach unserem Verständnis bildet … der Geist der Gewaltfreiheit eine unersetzliche Quelle der Inspiration für politische, soziale und wirtschaftliche Programme, die wahrhaft der Förderung des Friedens dienen; für die Entwicklung von Konzepten, Methoden und Instrumenten der Konfliktregulierung, die auf die Minimierung, ja Überwindung von Gewalt ausgerichtet sind; und schließlich auch für die persönliche Lebensführung im Alltag der Familie und des Berufs und in allen sozialen Beziehungen«[29].

Das Ziel, das Pazifisten wie Nichtpazifisten gemeinsam verpflichtet, besteht so in der Einnahme einer keineswegs passiven, sondern höchst aktiven Haltung: Im alltäglichen Mühen darum, den Sumpf der Gewalt in ihren vielfältigen Erscheinungsformen auszutrocknen und sich dem Ziel ihrer Überwindung mehr und mehr zu nähern. Christliches Friedensengagement hat alle Mittel auszuschöpfen und alle Wege zu versuchen, die erwarten lassen, dass durch sie jene Situationen vermieden werden können, die den Griff zur Gewalt als *ultima ratio* erscheinen lassen können.

Dies beginnt schon beim Insistieren auf differenzierenden Beschreibungen der zugrundeliegenden Konflikte, beim Widerstand gegen die mediale Produktion von Klischees und Feindbildern, beim Festhalten an der Überzeugung, dass sich Gesellschaften, die sich als aufgeklärte definieren, das Ringen um eine den Weg der Gewalt vermeidende Politik zumuten lassen müssen – auch wenn der Druck vorhandener Ressentiments dem spürbar entgegenwirkt. Hier liegt ein entscheidend wichtiger Beitrag zur Beeinflussung nicht nur der politischen Kultur, sondern vor allem des gesellschaftlichen Klimas, in welchem Politik sich vollzieht. Ebenso wichtig ist es, angesichts der zerstörerischen Folgen aktueller Gewalt, die in vielen Regionen der Welt anzutreffen sind, zur Linderung nicht nur der physischen, sondern auch der seelischen Verwundungen beizutragen, die diese Erfahrungen bewirkt haben. »Nach dem Krieg ist vor dem Krieg« – dieses mahnende Wort sollte dazu anhalten, die Aufgabe der Konsolidierung eines noch brüchigen Friedenszustandes nach dem Ende bewaffneter Auseinandersetzungen mit aller Entschlossenheit in Angriff zu nehmen, anstatt die Opfer ihrem Schicksal zu überlassen und zur nächsten Katastrophe weiterzuziehen.

So mündet eine moderne christliche Friedensethik in ganz konkrete politische und soziale Aufgabenbestimmungen, und gerade auf diesem Weg vermag sie für die Gestaltung politischer Praxis relevant zu bleiben. Sie bewahrt sich auf diese Weise auch davor, gewissermaßen ihre Bodenhaftung zu verlieren und den Vorwurf idealistischer Spekulation zu riskieren, der es dann um so leichter machte, sich den kritisch-korrektivischen Einreden dieser Ethik zu entziehen. Ich meine, dies ist eine der wichtigsten Bedeutungen, in der auch heute Christen sich daran zu erinnern haben, dass ihnen aufgetragen ist, »Salz der Erde« und »Licht der Welt«[30] zu sein.

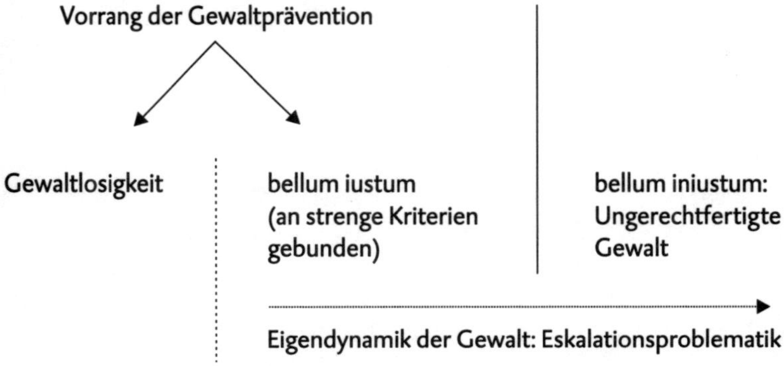
Vorrang der Gewaltprävention
Gewaltlosigkeit
bellum iustum (an strenge Kriterien gebunden)
bellum iniustum: Ungerechtfertigte Gewalt
Eigendynamik der Gewalt: Eskalationsproblematik

3

Krieg und Gewalt im Islam

von Adel Theodor Khoury

Treiben wir auf eine blutige Konfrontation zwischen der Welt des Islams und der westlichen Welt zu? Die Nachrichten, die uns jeden Tag in den Medien erreichen, scheinen diese Schreckensvision zu bestätigen. Manche meinen undifferenziert, daß der Islam eine an sich aggressive Religion sei. Andere befürchten, der Islam wolle mit allen Mitteln, auch mit den Mitteln der Gewalt, sich der Globalisierungswelle aus dem Westen entgegenstellen und seine eigenen universalen Herrschaftsansprüche, gelegentlich aus mit Terroranschlägen, untermauern.

Die islamische Welt, wie sie sich heute präsentiert, legt Zeugnis davon ab, daß gewaltbereite Militanten unter den Muslimen sich ungeniert auf den Islam und seine Anliegen berufen können. Zweifellos gibt es Gewalt und Gewaltrechtfertigung im Islam – in der Praxis des Muslime und in der Theorie seiner Lebensordnung. Aber das ist nur die eine Seite. Die andere, welche noch die Haltung der Mehrheit der Muslime heute widerspiegelt, ist die Betonung des Friedenswillens und der Friedensbereitschaft des Islams.

Auf beide Aspekte des Islams – Gewalt und Frieden – wollen wir eingehen, mit besonderer Berücksichtigung der Dimension der Gewalt.

1. AUSSAGEN DES KORANS

Man kann die Anweisungen des Korans in Bezug auf Gewalt und Krieg und die entsprechende Haltung der Muslime erst richtig begreifen, wenn man erkennt, welche Anliegen dadurch gewahrt werden sollen. Nach innen gilt es für den Koran, den Glauben zu festigen, den Gehorsam der Gläubigen anzuspornen und die Einheit der Gemeinschaft zu wahren. Nach außen hat der Islam alle Menschen zur Annahme des Glaubens aufzurufen, sich für die Durchsetzung der Rechte Gottes einzusetzen und die Gemeinschaft vor verschiedenen Gefahren zu schützen.

Um die islamische Gemeinschaft vor den äußeren Gefahren, die ihnen von Seiten der Ungläubigen drohen, hat der Koran verschiedenen Maßnahmen ergriffen und entsprechende Bestimmungen festgelegt. Den Feinden Gottes, des Propheten und der Muslime, erklärt der Koran den Kampf. Er erhebt diesen Kampf zur Pflicht der Gemeinschaft. Bei der Durchführung dieses Kampfes soll man jedoch je nach der Lage verschiedene Vorschriften beachten.

a) Die Übergriffe der Ungläubigen zurückschlagen

Immer wieder scheinen die Ungläubigen ihre Macht demonstrieren zu wollen; sogar Mitglieder der islamischen Gemeinschaft wie die Heuchler scheinen der Versuchung ausgesetzt zu sein, in den Reihen der Ungläubigen Verbündete zu suchen, um an ihrer Macht teilzuhaben. Der Koran droht ihnen eine schmerzhafte Strafe an, weil sie »sich die Ungläubigen anstelle der Gläubigen zu Freunden nehmen. Suchen sie denn bei ihnen die Macht? Alle Macht gehört Gott« (4,139).

Wenn nun die Ungläubigen Angriffe gegen die Muslime unternehmen, dann hat die islamische Gemeinschaft diese Angriffe zurückzuschlagen und die Verfolgung der Muslime durch entsprechende Vergeltungsaktionen zu beenden. Die Muslime sollen mit fester Entschlossenheit sowie mit der nötigen Mäßigung den Kampf führen: »Und kämpft auf dem Weg Gottes gegen diejenigen, die gegen euch kämpfen, und begeht keine Übertretungen. Gott liebt die nicht, die Übertretungen begehen. Und tötet sie, wo immer ihr sie trefft, und vertreibt sie, von wo sie euch vertrieben haben. Denn Verführen ist schlimmer als Töten. Kämpft nicht gegen sie bei der heiligen Moschee, bis sie dort gegen euch kämpfen. Wenn sie gegen euch kämpfen, dann tötet sie. So ist die Vergeltung für die Ungläubigen. Wenn sie aufhören, so ist Gott voller Vergebung und barmherzig. Kämpft gegen sie, bis es keine Verführung mehr gibt und bis die Religion nur noch Gott gehört. Wenn sie aufhören, dann darf es keine Übertretung geben, es sei denn gegen die, die Unrecht tun. Ein heiliger Monat (darf zur Vergeltung dienen) für einen heiligen Monat. Bei den heiligen Dingen gilt die Wiedervergeltung. Wer sich gegen euch vergeht, gegen den dürft ihr euch ähnlich vergehen, wie er sich gegen euch vergeht« (2,190–194).

Der Koran macht den muslimischen Kämpfern Mut, indem er sie daran erinnert, daß Gott sie vor ihren Feinden errettet hat: »O ihr, die ihr glaubt, gedenket der Gnade Gottes zu euch, als gewisse Leute im Begriff waren, ihre Hände nach euch auszustrecken, und Er ihre Hände von euch zurückhielt. Und fürchtet Gott. Auf Gott sollen die Gläubigen vertrauen« (5,11).

Und er ruft sie dazu auf, für die Sache Gottes zu kämpfen und gegen seine und ihre Feinde Krieg zu führen: »O ihr, die ihr glaubt, fürchtet Gott und sucht ein Mittel, zu Ihm zu gelangen, und setzt euch auf seinem Weg ein, auf daß es euch wohl ergehe« (5,35).

Die Sure 8 des Korans gibt konkrete Beispiele für die Übergriffe der Polytheisten, die letztlich zu den Waffengängen von Badr (624) und Uhud (625) geführt haben. Sie listet die Gründe auf, die die Muslime veranlassen sollen, gegen ihre Widersacher aus Mekka zu kämpfen:

– Die Mekkaner verfolgen die Muslime (8,26); diese Verfolgung nimmt verschiedene Gestalten an: »Und als diejenigen, die ungläubig sind, gegen dich Ränke schmiedeten, um dich festzunehmen oder zu töten oder zu vertreiben. Sie schmiedeten Ränke, und Gott schmiedete Ränke. Gott ist der Beste derer, die Ränke schmieden« (8,30).
– Die Mekkaner verwehren den Muslimen den Zutritt in ihre Stadt und die Verrichtung des Gebets in der heiligen Stätte (vgl. 8,34).
– Die Mekkaner sind bemüht, die übrigen Menschen vom Glauben abzuhalten (8,36). Sie versuchen sogar, die Muslime zum Abfall vom Glauben zu verführen: »Und kämpft gegen sie, bis es keine

Verführung mehr gibt und bis die Religion gänzlich nur noch Gott gehört. Wenn sie aufhören, so sieht Gott wohl, was sie tun« (8,39).

– Die Mekkaner brechen immer wieder bindende Abmachungen (8,57). Man kann sich auf ihr Wort nicht verlassen; man muß vielmehr ihren Friedenswillen bezweifeln und sich immer auf einen neuen Verrat gefaßt machen (vgl. 8,58).

Um sich nun vor den Ungläubigen, ihren Intrigen und Angriffen zu schützen, sollen die Muslime gegen sie Krieg führen: »Und rüstet gegen sie, was ihr an Kraft und an einsatzbereiten Pferden haben könnt, um damit den Feinden Gottes und euren Feinden Angst zu machen, sowie anderen außer ihnen, die ihr nicht kennt; Gott aber kennt sie« (8,60). »Und wenn du sie im Krieg triffst, dann verscheuche mit ihnen diejenigen, die hinter ihnen stehen, auf daß sie es bedenken« (8,57).

b) Auch den totalen Krieg führen

Der Koran ging in der ersten Phase der Auseinandersetzungen mit den Feinden in Mekka davon aus, daß man die Probleme aus der Welt schaffen kann, indem man einen bedingten Krieg führt und zum Ausgleich und zum Frieden bereit ist. Aber die Erfahrung zeigte, daß die Mekkaner und die Feinde des Islams nicht bereit waren, ihr Wort und verbindliche Abmachungen einzuhalten: »Sie beachten einem Gläubigen gegenüber weder Verwandtschaft noch Schutzbund. Das sind die, die Übertretungen begehen« (9,10). »Wenn sie aber nach Vertragsabschluß ihre Eide brechen und eure Religion angreifen, dann kämpft gegen die Anführer des Unglaubens. Für sie gibt es ja keine Eide. Vielleicht werden sie aufhören« (9,12).

Die Ungläubigen beharren darauf, die Gläubigen zu bekämpfen und sie von ihrem Glauben abzubringen, auch in den heiligen Monaten, in denen eigentlich der Kampf ruhen sollte: »Sie fragen dich nach dem heiligen Monat, nach dem Kampf in ihm. Sprich: Der Kampf in ihm ist schwerwiegend; aber (die Menschen) vom Wege Gottes abweisen, an Ihn nicht glauben, den Zugang zur heiligen Moschee verwehren und deren Anwohner daraus vertreiben, (all das) wiegt bei Gott schwerer« (2,217; vgl. oben 2,190–194).

So sollen die Muslime gegen ihre Feinde kämpfen, und zwar um ihr Leben (8,30), um ihren Glauben (»Sie wollen das Licht Gottes mit ihrem Mund auslöschen. Aber Gott wird sein Licht vollenden, auch wenn es den Ungläubigen zuwider ist« (61,8)), und um ihre Einheit. Denn, so der Koran, die Verführungsversuche der Ungläubigen sind schlimmer als Mord: »... Verführen wiegt schwerer als Töten. Sie hören nicht auf, gegen euch zu kämpfen, bis sie euch von eurer Religion abbringen, wenn sie es können. Diejenigen von euch, die sich nun von ihrer Religion abwenden und als Ungläubige sterben, deren Werke sind im Diesseits und im Jenseits wertlos« (2,217).

Ja, so befiehlt es der Koran, die Muslime sollen den Kampf aufnehmen, auch in Tabu-Zeiten, wie im heiligen Monat: »Vorgeschrieben ist euch der Kampf, obwohl er euch zuwider ist. Aber vielleicht ist euch etwas zuwider, während es gut für euch ist« (2,216). »Und kämpft gegen sie, bis es keine Verführung mehr gibt und bis die Religion gänzlich nur noch Gott gehört« (8,39; vgl. 2,193).

Für ihren Einsatz werden die Muslime und unter ihnen die Kämpfer im »Heiligen Krieg« reichlich belohnt (vgl. 2,218). »Und wer auf dem Weg Gottes kämpft und daraufhin getötet wird oder siegt, dem werden Wir einen großartigen Lohn zukommen lassen« (4,74).

Vor allem aber erwartet sie das Paradies:

Und sagt nicht von denen, die auf dem Weg Gottes getötet werden, sie seien tot. Sie sind vielmehr lebendig, aber ihr merkt es nicht (2,154).

Denen, die auf dem Weg Gottes getötet werden, läßt Er ihre Werke niemals fehlgehen. Er wird sie rechtleiten und ihre Angelegenheiten in Ordnung bringen, sie ins Paradies eingehen lassen, das Er ihnen zu erkennen gegeben hat (47,4–6).

Und wenn ihr auf dem Weg Gottes getötet werdet oder sterbt, so ist Vergebung und Barmherzigkeit von Gott besser als das, was sie zusammentragen (3,157).

Halte diejenigen, die auf dem Weg Gottes getötet wurden, nicht für tot. Sie sind vielmehr lebendig bei ihrem Herrn, und sie werden versorgt, und sie freuen sich dabei über das, was Gott ihnen von seiner Huld zukommen ließ (3,169–170).

Denjenigen, die ausgewandert und aus ihren Wohnstätten vertrieben worden sind und auf meinem Weg Leid erlitten haben, die gekämpft haben und getötet worden sind, werde Ich ihre Missetaten sühnen und sie in Gärten eingehen lassen, unter denen Bäche fließen, als Belohnung von Gott (3,195).

Und wer aus seinem Haus hinausgeht, um zu Gott und seinem Gesandten auszuwandern, und dann vom Tod ereilt wird, dessen Lohn obliegt Gott (4,100).

Gott hat von den Gläubigen ihre eigene Person und ihr Vermögen dafür erkauft, daß ihnen das Paradies gehört, insofern sie auf dem Weg Gottes kämpfen und so töten oder getötet werden. Das ist ein Ihm obliegendes Versprechen (9,111).

Aber bereits bei der Kriegführung wird Gott den Kämpfern beistehen, er wird ihre Feinde schlagen, wie er früher manche Städte, die noch viel stärker waren, zugrunde gehen ließ (vgl. 47,13).

Der Kampf selbst wird dem Propheten und den Gläubigen zugleich auferlegt: »O Prophet, setze dich gegen die Ungläubigen und die Heuchler ein und fasse sie hart an. Ihre Heimstätte ist die Hölle – welch schlimmes Ende!« (66,9). »Muhammad ist der Gesandte Gottes. Und diejenigen, die mit ihm sind, sind den Ungläubigen gegenüber heftig, gegeneinander aber barmherzig« (48,29). »O ihr, die ihr glaubt, wenn einer von euch von seiner Religion abfällt, so wird Gott (anstelle der Abgefallenen) Leute bringen, die Er liebt und die Ihn lieben, die den Gläubigen gegenüber sich umgänglich zeigen, den Ungläubigen gegenüber aber mit Kraft auftreten, die sich auf dem Weg Gottes einsetzen und den Tadel des Tadelnden nicht fürchten« (5,54).

Heftigkeit und Härte gegenüber dem Feind drücken sich unter anderem darin aus, daß die Muslime nicht nachlassen, wenn sie im Kampf die Oberhand gewonnen haben: »So erlahmt nicht und ruft nicht zum Frieden, wo ihr die Oberhand haben werdet. Und Gott ist mit euch, und Er wird euch eure Werke niemals schmälern« (47,35).

Die grundsätzliche Tragweite und Bedeutung des »Heiligen Krieges« werden in folgenden Versen unterstrichen: Es geht um Gott und die Gemeinde, die lange unterdrückt wurde (vgl. 4,75), und um die Belohnung, die Gott all denen, die um seinetwillen kämpfen und dabei getötet werden oder siegen, bereithält (Und wer auf dem Weg

Gottes kämpft und daraufhin getötet wird oder siegt, dem werden Wir einen großartigen Lohn zukommen lassen (4,74)).

Der Kampf soll erst aufhören, wenn die Feinde sich ergeben (vgl. 48,16). Die Fronten zwischen beiden Lagern werden deutlich abgesteckt: »Diejenigen, die glauben, kämpfen auf dem Weg Gottes. Und diejenigen, die ungläubig sind, kämpfen auf dem Weg der Götzen. So kämpft gegen die Freunde des Satans« (4,76). Gott, so erklärt der Koran, stellt sich auf die Seite der Gläubigen: »Gott ist der Polytheisten ledig, und auch sein Gesandter« (9,3).

Nun ergeht der Befehl, den totalen Krieg gegen die Feinde zu führen: »Und kämpft gegen die Polytheisten allesamt, wie sie gegen euch allesamt kämpfen« (9,36).

Was dieser totale Kampf bedeutet, wird in den Versen der 9. Sure ausgesprochen. Nach Ablauf der heiligen Monate sollen die Muslime die Polytheisten töten, wo immer sie sie finden, es sei denn, sie bekehren sich: »Wenn die heiligen Monate abgelaufen sind, dann tötet die Polytheisten, wo immer ihr sie findet, greift sie, belagert sie und lauert ihnen auf jedem Weg auf. Wenn sie umkehren, das Gebet verrichten und die Abgabe entrichten, dann laßt sie ihres Weges ziehen« (9,5).

Da sie selbst doch keine Vereinbarungen einhalten und kein Abkommen respektieren, soll ihnen keine Schonung von Seiten Gottes und seines Gesandten eingeräumt werden: »Wie sollten die Polytheisten Gott und seinem Gesandten gegenüber einen Vertrag geltend machen, ausgenommen die, mit denen ihr bei der heiligen Moschee einen Vertrag abgeschlossen habt? Solange sie sich euch gegenüber recht verhalten, verhaltet auch ihr euch ihnen gegenüber recht. Gott liebt die Gottesfürchtigen. Wie sollten sie dies tun, wo sie doch, wenn sie die Oberhand über euch bekommen, euch gegenüber weder Verwandtschaft noch Schutzbund beachten? Sie stellen euch zufrieden mit ihrem Munde, aber ihre Herzen sind voller Ablehnung. Und die meisten von ihnen sind Frevler. Sie haben die Zeichen Gottes gegen einen geringen Preis vertauscht und so die Menschen von seinem Weg abgewiesen. Schlimm ist, was sie immer wieder getan haben. Sie beachten einem Gläubigen gegenüber weder Verwandtschaft noch Schutzbund. Das sind die, die Übertretungen begehen« (9,7–10).

So erklärt der Koran: »Wenn sie aber nach Vertragsabschluß ihre Eide brechen und eure Religion angreifen, dann kämpft gegen die Anführer des Unglaubens« (9,12).

Gott hat sie ja den Muslimen preisgegeben: »Kämpft gegen sie, so wird Gott sie durch eure Hände peinigen, sie zuschanden machen und euch gegen sie unterstützen, die Brust gläubiger Leute wieder heil machen und den Groll ihrer Herzen entfernen« (9,14–15). Der Groll der Gläubigen gegen ihre Feinde soll sich in ihrer harten Kriegsführung (vgl. 9,113,123) zeigen. Gegen die Ungläubigen im allgemeinen gilt im Krieg folgender Grundsatz: »Wenn ihr auf die, die ungläubig sind, trefft, dann schlagt (ihnen) auf die Nacken. Wenn ihr sie schließlich schwer niedergekämpft habt, dann schnürt (ihnen) die Fesseln fest. Danach gilt es, sie aus Gnade oder gegen Lösegeld zu entlassen. (Handelt so), bis der Krieg seine Waffenlasten ablegt« (47,4).

Erst wenn die Ungläubigen sich ergeben, kann der Krieg beendet und ein Frieden geschlossen werden: »Ihr werdet dazu aufgerufen, gegen Leute, die eine starke Schlagkraft besitzen, zu kämpfen, es sei denn, sie ergeben sich. Besser ist es, wenn sie den Islam annehmen« (48,16; vgl. oben 9,5.11). Denn so lautet die wiederholte Erklärung des Korans: »Er (Gott) ist es, der seinen Gesandten mit der Rechtleitung und der Religion der Wahrheit gesandt hat, um ihr die Oberhand zu verleihen über alle Religion, auch wenn es den Polytheisten zuwider ist (9,33; vgl. 61,9; 48,28).

c) Vorrang des Friedens

Der Koran enthält nicht nur Ermahnungen an die Adresse der Muslime, für die Sache Gottes zu kämpfen, sondern er enthält auch Anweisungen, die dem Frieden und der Friedenssuche eine deutliche Priorität vor Kriegshandlungen einräumen. In Zeiten des islamischen Triumphalismus, als der Islam in den ersten Jahrhunderten nach seiner Entstehung seine Herrschaft auf immer zahlreichere Länder ausweiten konnte, haben zwar muslimische Kommentatoren und Gelehrte solche friedfertige Anweisungen des Korans als aufgehoben und den »Schwertvers« für gültig erklärt, der den Kampf gegen die Feinde vorschreibt (9,5). Aber diese einseitige Deutung der Koranverse, außer daß sie unter den Gelehrten umstritten ist, berücksichtigt in keiner Weise die geschichtlichen Umstände, die als Anlaß für den koranischen Aufruf zum Kampf dienten.

So ist es von Bedeutung, ohne Verkürzung die Angaben des Korans genau wiederzugeben und ihr Anliegen zu verdeutlichen.

Der Koran ermahnt die Muslime, sie sollen bereit zur Versöhnung sein, sobald ihre Gegner mit ihren Feindseligkeiten aufhören: »Wenn sie aufhören, dann darf es keine Übertretung geben, es sei denn gegen die, die Unrecht tun« (2,193). Und wenn die Feinde sich bereit erklären, Frieden zu halten, so soll auch Muhammad dieses Angebot annehmen und nun selbst Frieden halten: »Und wenn sie sich dem Frieden zuneigen, dann neige auch du dich ihm zu und vertrau auf Gott« (8,61). »Wenn sie sich von euch fernhalten und nicht gegen euch kämpfen und euch Frieden anbieten, dann erlaubt euch Gott nicht, gegen sie vorzugehen« (4,90).

Denn es geht letztendlich darum, Feinden und Widersachern aller Art, die zur Umkehr bereit sind, immer eine Möglichkeit zu eröffnen, das Wort Gottes zu hören, sich vielleicht von den Vorzügen des Islams zu überzeugen, die Religion Gottes anzunehmen und somit in die Gemeinschaft der Gläubigen aufgenommen zu werden: »Und wenn einer von den Polytheisten dich um Schutz bittet, so gewähre ihm Schutz, bis er das Wort Gottes hört. Danach laß ihn den Ort erreichen, in dem er in Sicherheit ist. Dies, weil sie Leute sind, die nicht Bescheid wissen« (9,6).

d) Kriegsführung und Frieden

Nicht nur über die Bereitschaft zum Frieden spricht der Koran, sondern auch über manche Maßnahmen zur Humanisierung der Kampfhandlungen. So wird den muslimischen Kämpfern während der Kampfhandlungen auferlegt, »nicht maßlos im Töten« zu sein (vgl. 17,33).

Auch sollen sie den Kampf führen, ohne in erster Linie auf die

Beute, ob diese nun aus Land und Immobilien oder aus Personen (Gefangenen und Sklaven) besteht, zu schauen: »O ihr, die ihr glaubt, wenn ihr auf dem Weg Gottes im Land umherwandert, so stellt die Lage eindeutig fest und sagt nicht zu dem, der euch den Frieden anbietet: ›Du bist kein Gläubiger‹, im Trachten nach den Gütern des diesseitigen Lebens. Gott schafft doch viele Möglichkeiten, Beute zu erzielen …« (4,94)[1].

2. AUSSAGEN DES RELIGIÖSEN GESETZES *(SCHARIA)*

a) Der Einsatz für den Islam *(djihad)*

Das traditionelle islamische *Rechtssystem* seit der klassischen Zeit kennt eine Aufteilung der Welt in zwei Gebiete: das Gebiet des Islams und das Gebiet des Krieges. Das Gebiet des Islams ist Gottes Staat, das Reich des Friedens, in dem das islamische Gesetz und die vom Islam festgelegte Gesellschaftsordnung und politische Struktur herrschen. Das Gebiet der Nicht-Muslime wird grundsätzlich als das Gebiet des Krieges bezeichnet. Darin herrscht das Gesetz der Ungläubigen und der Nicht-Muslime vor, das in einigen oder gar zahlreichen Punkten den Bestimmungen des göttlichen Gesetzes widerspricht. Die Muslime haben die Pflicht, ihr eigenes Gebiet gegen die Angriffe der Feinde zu verteidigen. Darüber hinaus haben sie sich aktiv einzusetzen, um auch im Gebiet der Nicht-Muslime dem Gesetz Gottes zum Sieg zu verhelfen und die Rechte Gottes zur Geltung zu bringen.

Wenn das islamische Gebiet sich gegen einen massiven Angriff verteidigen muß, um seine Existenz zu sichern, dann sind alle Muslime gerufen, zum Schutz ihres Gebiets zu kämpfen und sich so für die Sache Gottes einzusetzen. In weniger dramatischen Situationen geht man davon aus, daß die Pflicht zum heiligen Krieg dem Staat und der Gemeinschaft als solcher obliegt und daß dieser Pflicht Genüge getan wird, wenn an einem Ort, irgendwo in der Welt, Bemühungen um die Ausbreitung des Machtbereichs des Islams unternommen werden.

Diese Pflicht der Gemeinschaft ist eine ständige Pflicht. Der Einsatz für den Islam hört grundsätzlich erst dann auf, wenn alle Menschen den Glauben an Gott angenommen oder gar sich zum Islam bekehrt haben. Das Endziel des Kampfes »auf dem Weg Gottes«, wie sich der Koran ausdrückt (z. B. 2,190 usw.), wird erst erreicht, wenn auch das Gebiet der Feinde dem Gebiet des Islams angegliedert wird, wenn der Unglaube endgültig ausgerottet ist, wenn die Nicht-Muslime sich der Oberherrschaft des Islams unterworfen haben. Solange die alleinige Herrschaft des Islams nicht die ganze Welt umfaßt hat, bleibt der heilige Krieg ein Dauerzustand, und zwar ein solcher, der entweder durch militärische Aktionen oder wenigstens durch politische Versuche oder auf irgendeine Weise erfolgen muß.

b) Friedenszeiten

Was den Frieden betrifft, so ist er nach der Intention des islamischen Gesetzes der zu erreichende Endzustand der Auseinandersetzung zwischen dem islamischen Staat und den nicht-muslimischen Gemeinschaften. Denn der heilige Krieg wird geführt, damit die Menschen allesamt als Muslime oder wenigstens als tolerierte Enklaven von Schutzbürgern *(Dhimmi)* in den Grenzen und unter der Vorherrschaft des islamischen Staates in Frieden und Gottesfurcht leben können. Der Friede wird erst erreicht und gilt erst als endgültig, wenn die Grenzen des islamischen Staates bis an die Grenzen der Erde gelangen, wenn also nur noch ein Staat bestehen bleibt: der Staat der islamischen Gemeinschaft. Solange dieses Ziel nicht erreicht ist, lebt der islamische Gottesstaat in einem ständigen Konfliktzustand mit den nicht-islamischen Staaten; seine Beziehungen zu den fremden Ländern bleiben die der legalen Auseinandersetzung. Dieser Zustand bedeutet jedoch nicht, daß der Islam sich in ständigem aktiven Kampf gegen die Nicht-Muslime befindet oder einen heiligen Dauerkrieg gegen die fremden Völker führen muß. Das bedeutet auch nicht, daß der islamische Staat keine Beziehungen irgendwelcher Art mit ihnen unterhalten darf. Verträge und Abkommen dürfen geschlossen, Vereinbarungen getroffen und kulturelle und wirtschaftliche Beziehungen aufgenommen und gepflegt werden. Aber diese Kontakte und Beziehungen beinhalten in der Einschätzung des klassischen Rechtssystems des Islams keineswegs die Anerkennung der Legitimität der fremden Staaten. Mit der Aufnahme solcher Beziehungen wird lediglich die Tatsache anerkannt, daß auch in den nicht-islamischen Staaten, so lange sie bestehen, eine gewisse Autorität und eine gewisse soziale und politische Ordnung notwendig sind. So ist man bereit, die bestehende Obrigkeit und die herrschende Gesellschaftsordnung sowie die staatlichen Institutionen zur Kenntnis zu nehmen und mit der jeweiligen Regierung im Interesse der Muslime in Kontakt zu treten und vorübergehend friedliche Beziehungen zu vereinbaren.

Diese friedlichen Beziehungen heben aber die grundsätzliche Aufteilung der Welt in ein »Gebiet des Islams« und ein »Gebiet des Krieges« nicht auf. Für die Dauer der Friedenszeit bezeichnen Rechtsgelehrte das Gebiet des Krieges als »Gebiet des Friedens« oder »Gebiet des Vertrags«. Betont wird jedoch, daß die Zulässigkeit ausgehandelter Verträge und vereinbarter Friedenszeiten nicht die Gleichstellung nicht-islamischer Länder mit dem islamischen Staat bedeutet. Vorübergehende und befristete Friedenszeiten sind nur eine Pause auf dem Weg zur Islamisierung der ganzen Welt. Dieses Ziel ist zwar schwer zu erreichen und muß in der Alltagspraxis ein frommer Wunsch bleiben, und man muß davon ausgehen, daß im Normalfall der »heilige Krieg« in seinem aktiven Ausdruck nur zu einer ruhenden, also nicht positiv betriebenen und erfüllten Pflicht wird. Aber die theoretische Zielsetzung bleibt bestehen und konfrontiert die Praxis immer wieder mit dem von Gott gewollten Idealzustand und Ziel.

Man kann die Vorstellungen des islamischen Rechtssystems der klassischen Zeit in bezug auf den »heiligen Krieg« und die heute noch beziehungsweise wieder von militanten Gruppen in der islamischen Welt vertretenen Lehre wie folgt zusammenfassen: Friede ist der Zustand innerer Ordnung des Staates, wenn dieser nach den Gesetzen Gottes regiert wird und Ungläubigen, Abtrünnigen, Aufständischen und ähnlichen existenzgefährdenden Gruppen keinen Freiraum gibt, sondern sie ausrottet oder bekehrt. Nach außen hin bedeutet Frieden den Endzustand, der nach der siegreichen Bekämpfung und Niederwerfung der nicht-muslimischen Gemeinschaften erreicht wird, so daß nur noch der islamische Staat besteht, in dem Nicht-Muslime, wenn sie nur Anhänger einer vom Islam anerkannten Offenbarungsreligion und Besitzer heiliger Schriften sind, den Rechtsstatus von Schutzbürgern des Islams haben. Damit erfüllt die politische Gemeinschaft der Muslime (*Umma* genannt) ihre Aufgabe, Trägerin und Wahrerin der Rechte Gottes und Hüterin der nach Maßgabe der Rechte Gottes festgesetzten Rechte der Menschen zu sein.

c) Haltung der Islamisten

Die Fundamentalisten des Islams (besser genannt Islamisten) fordern heute die Islamisierung bzw. Reislamisierung von Gesellschaft und Staat. Diese Forderung bedeutet die Rücknahme der Gesetze und der Lebensformen, die in manchen Ländern der islamischen Welt den Beginn einer Anpassung an die Erfordernisse der modernen Welt signalisieren. Gerade diese Anpassung an die moderne Welt wird von den Vertretern des Fundamentalismus als Verlust der islamischen Identität und als unbillige Bevorzugung von Normen und Vorstellungen, die sich seit der Aufklärung in der westlichen Welt durchgesetzt haben, und dies auf Kosten originärer islamischer Normen.

Nur so könne der reine Islam wiederhergestellt werden und wieder eine alles bestimmende Rolle in Gesellschaft und Staat spielen. Und nur so würden die Menschen allesamt den rechten Weg finden. In seiner theoretischen Lehre betont der Islam, daß der Mensch von sich aus unfähig ist, die lebensspendende Wahrheit zu finden und anzunehmen, und genauso unfähig, den rechten Weg einzuschlagen. Ohne die wiederholte Offenbarung Gottes könne der Mensch die Wahrheit über sein Leben, über seine Beziehungen zu Gott und zu den Menschen, über seinen praktischen Weg nicht finden: »Wem Gott kein Licht verschafft, für den gibt es kein Licht« (24,40). Denn »Gott sagt die Wahrheit, und Er führt den (rechten) Weg« (33,4).

Der rechte Weg der Menschen ist, Gottes Willen zu suchen und sich in diesen Willen zu ergeben (diese Hingabe heißt eben *islam*). So wiederholt der Koran diese Aufforderung eindringlich: »Gehorchet Gott und dem Gesandten« (3,32.132; vgl. 8,1.46; 33,33.66.71 usw.). Dieser Gehorsam ist der Weg der Muslime, der zum Ziel führt, das Gott für seine Gemeinde festgelegt hat. Das Gesetz Gottes, wie es im

Koran grundgelegt ist, ist Heil; es ist ein Licht, das Einsicht bringt und die rechte Urteilsbildung ermöglicht.

Herausforderung an den Westen

Die Ordnungsvorstellungen, die der Islam als Ausgestaltung des göttlichen Gesetzes ausgibt, haben in den Augen der gläubigen Muslime den unermeßlichen Vorteil, daß sie in ihren Grundlagen nicht Menschenwerk, sondern eben göttliche Festsetzungen sind. Sie gelten für die Muslime und werden den Menschen in aller Welt präsentiert als die bessere Alternative zum politischen System des Ostens und zu den demokratischen Institutionen des Westens.

Die Islamisten üben harte Kritik am Westen. Der Einfluß des Westens auf die islamischen Länder habe nicht gebracht, was man als einen unbedingten Fortschritt bezeichnen und bejahen könnte. Vielmehr habe er einen Identitätsverlust bei den Muslimen herbeigeführt, ohne deren Probleme gelöst zu haben. Nicht einmal im Westen habe das demokratische System die Probleme der Menschen gelöst. Zwar könne man einen materiellen Fortschritt, wissenschaftliche und technische Errungenschaften feststellen. Diese seien jedoch nur relativ und beschränkt bewundernswert. Vor allem seien sie nicht in jedem Punkt nachahmenswert. Denn sie hätten genauso viele Probleme verursacht, wie sie gelöst haben. Ja, die Verschärfung der Lage der Industrieländer, ihr gebrochenes Verhältnis zu ihrer Umwelt, ihre ungerechten Beziehungen zu den Ländern der Dritten Welt stellten kein Vorbild für die islamischen Länder dar. Die Muslime seien aufgerufen, ihren eigenen, besseren Weg zu gehen, ihre Kultur in Einklang mit der eigenen Zivilisation und ihren wirklichen Bedürfnissen entsprechend aufzubauen und zur erneuten Blüte zu bringen. So könne man die importierten Probleme vermeiden, ein gesundes Leben führen, eine florierende Gemeinschaft bilden unter der Rechtleitung Gottes und seines Gesetzes.

Dies sei um so notwendiger, als man den moralischen Verfall des Westens offen sehen könne: »Der erste Eindruck, den jeder gewinnt, der die blühenden reichen Länder der Erde« – angeführt von Amerika und Schweden – besucht, ist der, daß die Menschen sich vor Gespenstern auf der Flucht befinden, die sie verfolgen, daß sie vor ihrem innersten Ich davonrennen. Bald wird dem Besucher klar, daß dieser materielle Wohlstand, die wollüstigen Vergnügungen und die sexuelle Übersättigung zum Absinken in den Morast nervöser und psychischer Erkrankungen führen, daß sie sexueller Verirrungen, ständige Angstgefühle, Krankheit und geistige Verwirrung, weit verbreitete Kriminalität und den Verlust jeglicher Menschenwürde mit sich bringen«[2].

Im Gegensatz dazu bringe das islamische Gesetz den Menschen zugleich die angemessenen Vorschriften und die beste Ordnung. Schon der Koran habe ja unterstrichen: »Und wer hat eine schönere Religion als der, der sich völlig Gott hingibt und dabei rechtschaffen ist ...« (4,125).

Politische Haltung der Islamisten

In dieser geistigen Atmosphäre sind die fundamentalistischen Bewegungen im Islam zu verstehen. In ihrem Eifer gehen sie jedoch noch weiter. Aus den Grundgedanken, die bisher dargestellt wurden, machen sie ein vereinfachtes Denksystem, bauen darauf eine verklärende Ideologie auf und schmieden ein entsprechendes Aktionsprogramm zur Durchsetzung islamischer Ordnungsvorstellungen. Die Argumentation tritt deutlich zurück zugunsten der einprägsamen Formeln und Parolen, welche die Emotionen wachrufen und eine tatkräftige Solidarisierung herbeiführen können.

Sie verschaffen sich aber den nötigen Freiraum für ihre politische Ideologie, indem sie sich über die Geschichte hinwegsetzen und das traditionelle Rechtssystem mit seinen Bestimmungen und Kompromissen, mit seinen Festlegungen und offen gehaltenen Möglichkeiten, mit seiner rigiden Struktur und seiner eingebauten Flexibilität, einfach relativieren und pauschal als irrelevant erklären. Zugleich berufen sie sich doch wieder auf ein geschichtliches Modell, das politische System, das in Koran und Sunna verankert ist, das sie aber nun eigenmächtig und mit dem Anspruch alleiniger Verstehensfähigkeit deuten und auf die Situation heutiger Gemeinschaften übertragen. Gerade darin kommt ihr Anspruch deutlich zutage, allein den »reinen« Islam zu vertreten, und damit verbunden die mehr oder minder totalitären Tendenzen.

Allen Islamisten schwebt vor, das Leben und die Gesetzgebung ihres jeweiligen Landes zu islamisieren, und zwar nach dem Maßstab ihrer Vorstellungen, die sie als den echten Islam ansehen und durchzusetzen suchen. Darüber hinaus treibt sie der Eifer, durch eine Weltrevolution die islamische Ordnung zum alleinigen Gesetz für die ganze Menschheit einzurichten.

Haß auf den Westen und ungeduldige Militanz

Daher empfinden die militanten Islamisten den Vorsprung des Westens auf dem Gebiet der Wissenschaft und der Technik und seine herrschaftsorientierte Politik sowie seine aggressiv betriebene Wirtschaftspraxis als eine ständige Bedrohung der Zukunftschancen der Muslime. Der Westen, so ihre Einschätzung der Lage in der Welt, lege ständig Hindernisse auf den Weg des Islams, so daß die Muslime in den verschiedenen Belangen ihrer Völker unterdrückt und jeder Chance beraubt werden, je an der Schalstelle der internationalen Macht direkt mitwirken zu können.

Wenn, wie es bei ungeduldigen Militanten der Fall ist, wenn diese Einschätzung der hoffnungslosen Lage des Islams gepaart wird mit einer überhöhten religiösen Selbstschätzung und einem akuten Bewußtwerden der Ausweglosigkeit der eigenen Situation, dann führt dieses Gemisch unweigerlich zu einer Explosion, deren Folgen in den Anschlägen der jüngsten Vergangenheit ein Beispiel gezeitigt haben.[3]

Kritische Würdigung

Bedenklich, ja gefährlich für die künftigen Beziehungen zwischen der islamischen Welt und dem Westen auf der einen und zwischen dem Islam und dem Christentum auf der anderen Seite ist die festzustellende Erstarkung des radikalen Islamismus. Den enttäuschten Menschen in der islamischen Welt bieten die Islamisten die Lebensordnung und das Gesetz des Islams als das einzige Mittel an, alle ihre

Probleme zu lösen, auch die Probleme kultureller und wirtschaftlicher Art, die eigentlich eine Religion nicht in der Lage ist, anzugehen und praktisch zu lösen. Die Verheißungen der Islamisten gründen nicht auf dem Nachweis der Wirksamkeit des Islams in der heutigen Zeit, sondern auf dem bloßen Glauben, auf einer Ideologisierung des Glaubens.

Einige Islamisten sind bestrebt, den Staat und seine Institutionen auf bestimmte konkrete Strukturen und Verhaltensregeln der Vergangenheit festzulegen. Gerade dies lähmt die menschliche Freiheit, die bemüht sein will, sich ihrer Verantwortung für die Bewältigung der Gegenwart und die Planung der Zukunft zu stellen. Die Fesselung der Freiheit rührt daher, daß zwischen konkreten Lösungen der Tradition und ihrer tiefen Intention, ihrem Grundanliegen, nicht unterschieden wird. Die konkreten Lösungen verdanken doch ihren Wert ihrer Fähigkeit, in den damaligen konkreten Lebensumständen den idealen Werten und Normen zu entsprechen. Wer jedoch diese konkreten Formen und Institutionen für das Ganze der Tradition hält und auf Gott zurückführt, um ihnen damit eine ewige Gültigkeit zuzusprechen, der übersieht, daß sie geschichtsgebunden sind und daher immer wieder überprüft, korrigiert und neu formuliert werden müssen.

Es ist aber nicht nur die Geschichtsvergessenheit, die man diesen Gruppen vorwerfen kann. Einige von ihnen weigern sich, die Gegenwart der Gesellschaft und die Errungenschaften der modernen Zeit angemessen zu würdigen. Um die idealisierten Vorzüge des islamischen Modells annehmbar zu machen, neigen sie dazu, im westlichen Denken nur Verirrungen und in der modernen Gesellschaft nur Verfallserscheinungen zu sehen. Nur selten zeigen sie die Bereitschaft, sich ernsthaft mit der westlichen Kultur zu beschäftigen. Das, was sie als islamisches Modell hinstellen, setzen sie dagegen absolut und rechtfertigen dies damit, daß das Gesetz des Islams den Muslimen alles bietet, was sie für ihren Glauben und ihr Leben brauchen.

Der zeitgenössische Islam muß sich der Aufgabe stellen, bei allen Bemühungen um die Wahrung seiner Identität seine Rolle in der Welt als »Zeuge für die Gerechtigkeit« (5,8) zu erfüllen und seinen Beitrag zum Aufbau einer humanen Gesellschaft zu leisten, in der die universale Solidarität aller Menschen miteinander anerkannt und in die Tat umgesetzt wird.

Trotz aller Berechtigung mancher Anliegen der Islamisten bleibt es bedenklich, daß militante Gruppen den Islam benutzen, um radikale politische Ziele durchzusetzen. Bei einigen Schichten der muslimischen Bevölkerung hat dies zur Verstärkung fanatischer Gefühle beigetragen.

3. ARGUMENTE FÜR DEN FRIEDEN

Einige muslimische Denker bemühen sich, Ansätze einer islamischen Theorie des Friedens als Gegenstück zur klassischen Theorie des kriegerischen Einsatzes auszuarbeiten.

a) Friedliche Haltung in Mekka

In der mekkanischen Periode der koranischen Botschaft wird der Akzent auf ein friedliches Zusammenleben zwischen den Muslimen und den Nicht-Muslimen – wären sie auch Widersacher der islamischen Gemeinde – gelegt. Der Koran richtet an die Adresse der Polytheisten versöhnliche Worte: »Ihr habt eure Religion, und ich habe meine Religion« (109,6). »Gott ist unser Herr und euer Herr. Wir haben unsere Werke, und ihr habt eure Werke (zu verantworten). Es gibt keinen Streitgrund zwischen uns und euch. Gott wird uns zusammenbringen. Und zu Ihm führt der Lebensweg« (42,15). »Sprich: Ihr habt nicht zu verantworten, was wir verübt haben, und wir haben nicht zu verantworten, was ihr tut« (34,25; vgl. 28,55).

Der Koran gibt dem enttäuschten Propheten Muhammad eine Richtlinie für sein Verhalten: »Und wende dich von den Polytheisten ab. Wenn Gott gewollt hätte, wären sie nicht Polytheisten geworden. Und Wir haben dich nicht zum Hüter über sie gemacht, und du bist nicht als Sachwalter über sie eingesetzt« (6,106–107). »Übe Nachsicht mit ihnen und sprich: Frieden!. Sie werden es noch zu wissen bekommen« (43,89; vgl. 7,199; 15,85).

b) Aussagen im klassischen Rechtssystem

Der Frieden erstes Anliegen des Islams

Bereits das klassische Rechtssystem, wie es sich im Mittelalter entwickelt hat, sieht vor, daß Kampfhandlungen eingestellt werden sollen, wenn das Interesse der islamischen Gemeinschaft es diktiert oder angezeigt erscheinen läßt. Damit wird die Pflicht zum Kampf nicht mehr als aktive Pflicht betrachtet, sondern als rein theoretische, ruhende Pflicht. Wenn also Zeiten aufbrechen, in denen der Friede dem allgemeinen Wunsch der Menschen und der Völker entspricht, so ist dies als Hinweis darauf zu deuten, daß nun der Islam seine grundsätzliche Haltung und seine Grundanliegen zum Ausdruck bringen soll, indem er den Frieden unterstützt und seinen Beitrag zur Festigung des Friedens leistet. Dann ruhen die Kampfhandlungen, und die Pflicht zum Kampf weicht der Pflicht zum Frieden.

Der Kampf als der »kleine Einsatz«

Als der Islam seine Herrschaft gefestigt hatte, fingen Prediger, Theologen und manche Rechtsgelehrte an, den Krieg als den »kleinen Einsatz« zu bezeichnen. Der »große Einsatz«, betonten sie, erfolge innerhalb der Gemeinschaft, und zwar im Einsatz des Herzens, d.h. als ständige Bemühung um die Stärkung des Glaubens und die Festigung des Gehorsams; als Einsatz der Zunge, d.h. als Unterstützung der Rechtschaffenen und Zurechtweisung der Frevler; endlich als Einsatz der Hand, d.h. als sozialer Dienst und Wohltätigkeit. Was die Ausbreitung des Islams betrifft, so solle sie hauptsächlich mit friedlichen Mitteln, z.B. mit glaubwürdiger Verkündigung, erfolgen.

c) Argumente für eine Friedenstheorie

Gegen den Mißbrauch des Wortes *djihad* wird betont, daß das arabische Wort von seinem Ursprung her nicht primär den Krieg, sondern den Einsatz im Dienst des Glaubens und der Religion Gottes bezeichnet. Zwar sei der bewaffnete Kampf darin miteingeschlossen, aber nicht grundlegendes und exklusives Element. An erster Stelle beinhalten die Bestimmungen Gottes die Pflicht, das Böse zu meiden, die Leidenschaften zu zähmen, den schlechten Wandel aufzugeben, der Verderbnis zu widerstehen, endlich Nachsicht und Gerechtigkeit zu üben. Djihad ist somit radikal zunächst der Kampf gegen das Böse und der Einsatz für das Gute im Leben der Einzelnen und der Gesellschaft.

Die zulässigen Mittel zur Ausbreitung des Islams, betonen einige Autoren, seien ursprünglich die Verkündigung, die Spenden und nur im Notfall der Krieg. Der Krieg an sich sei untersagt; erlaubt sei er nur als Defensiv- oder als Präventivkrieg, wenn die aggressiven Absichten der Feinde offensichtlich seien. Grundsätzlich sei der Prophet Muhammad gesandt, den Menschen und den Völkern Frieden zu bringen.

Die gegenwärtigen Beziehungen der islamischen Staaten zu den anderen Staaten seien im allgemeinen friedlich, der Friede sei heute die Norm, die von den Muslimen akzeptiert werde und auch befolgt werden solle. Der Wunsch und die Sehnsucht nach Frieden und Freundschaft sei universell und auch islamisch. So seien die Staaten der islamischen Welt heute durchaus in der Lage, sich den modernen Gesellschaften in der Gestaltung der internationalen Beziehungen auf der Grundlage des Friedens und der Zusammenarbeit als Partner anzubieten.

4. SCHLUSSBEMERKUNGEN

Einige Fragen drängen sich am Schluß dieser Darstellung auf.

1. Es gibt muslimische Gelehrte, die den militanten Islamisten immer wieder vorwerfen, sie würden nicht im Sinne des Islams, sondern gegen den Islam und seine Belange handeln. Die Frage an diese Gelehrten lautet: Können sie nicht nur Stellungnahmen abgeben, sondern auch Argumente liefern, die durch eine einsichtige Deutung der Texte des Korans, der Tradition und der Scharia genügend Überzeugungskraft besitzen, daß die Muslime – vor allem die Militanten

unter ihnen – ohne Angst, die Heiligkeit des Korans anzutasten oder die Sache des Islams zu verraten, bereit wären, auf Gewaltanwendung zu verzichten und eher die Wege des Friedens zu suchen und zu gehen?

2. Können die Gelehrten des Islams die Texte des Korans, der Tradition und der Scharia so interpretieren, daß die Muslime bereit wären, gegenüber allen Menschen in der Welt universale Solidarität zu üben, in der Überzeugung, daß wir alle Verantwortung tragen für alle Mitmenschen, und wäre es nur, weil wir alle ja Geschöpfe des einen Gottes sind?

3. Der Appell zum Frieden richtet sich aber nicht nur an die Adresse der Muslime. Auch die Industriestaaten in der Welt müssen sich fragen, ob nicht auch sie einen dringenden Beitrag zur Herbeiführung und Festigung des Friedens zu leisten haben. Auch im Westen müssen die Verantwortlichen in Politik, Wirtschaft und Religion ernst machen mit der Bemühung um mehr Gerechtigkeit in der Welt, damit das Gefühl der aussichtlosen Unterdrückung und Entrechtung in der Welt nicht die Oberhand gewinnt. Sie müssen damit beginnen, endgültig auf die rücksichtlose Verfolgung ihrer Machtinteressen und ihrer wirtschaftlichen Vorteile zu verzichten.

Wir alle müssen Ernst machen mit unserem entschiedenen, beharrlichen Willen, die Gegnerschaft vergangener Zeiten und gegenwärtiger Tage zu überwinden und dauerhafte Partnerschaft zu begründen zwischen allen Menschen, Gemeinschaften und Völkern unserer gemeinsamen Erde.

4

Krieg und Gewalt im Hinduismus[1]

von Konrad Meisig

Kriegerethik und Asketenethik

Die Bhagavadgîtâ, »der Gesang des Erhabenen«, ist für den traditionellen Hinduismus *das* heilige Buch; den meisten Hindus gilt es als der Grundtext des Hinduismus schlechthin. Eine Forderung der Hindu-Fundamentalisten lautet z. B., daß in jedem Hindu-Haushalt ein Exemplar der Gîtâ vorhanden sein soll.

Innerhalb der Rahmengeschichte des großen Sanskritepos Mahâbhârata (Buch 6, Kap. 23–40) hat die Bhagavadgîtâ, die in ihren ältesten Partien aus dem 2. Jahrh. v. Chr. stammen mag, ihren Platz an zentraler Stelle des Epos: Gerade vor der großen Schlacht, als sich die Heere der feindlichen Sippen der Pândavas und Kauravas gegenüberstehen, zaudert der Held Arjuna, denn er hat Bedenken, seine Verwandten im Krieg zu erschlagen. Daraufhin verkündet ihm sein Wagenlenker, der kein anderer ist als Gott Krishna, das Lehrgedicht namens Bhagavadgîtâ, um ihn zum Krieg (!) zu ermuntern, – und er hat damit Erfolg.

Schon das zweite Kapitel der Bhagavadgîtâ enthält die wichtigsten Lehren dieses Basisbuchs des Hinduismus. Dabei handelt es sich um widersprüchliche, heterogene Vorstellungswelten: um Kriegerethik einerseits, andererseits um Asketenethik. Ihre Betrachtung soll uns helfen, einen ersten Zugang zur hinduistischen Haltung zu Krieg und Gewalt zu finden.

Konrad Meisig

Der »gerechte Krieg« (Dharmayuddha)

Gott Krishna argumentiert mit Idealen der altindischen Kriegerethik, wenn er Arjuna zum Kampf auffordert mit der Begründung: »Denn etwas Besseres als einen gerechten Krieg gibt es für einen Krieger nicht.« (*dharmyâd dhi yuddhâc chreyo 'nyat kshatriyasya na vidyate* 2,31). Der Tod im Kampf, im »gerechten Krieg«, im Dharmayuddha, so verheißt er, führe direkt in den Himmel (2,32). Die Erringung von »Ruhm« *(kîrti)* sei die Standespflicht der Kshatriyas, des Kriegerstandes; sie sei die »individuelle Pflicht« (der *sva-dharma*) des Kshatriya (2,33). »Nicht-Ruhm« dagegen sei schlimmer als der Tod (2,34). Im übrigen könne Arjuna nur gewinnen, denn ein etwaiger Tod im Kampf führe den Krieger in den Kriegerhimmel, Sieg im Kampf dagegen bringe weltliche Herrschaft mit sich (2,37). »Und ebensowenig darfst du, wenn du deine Pflicht im Auge behältst, erzittern; denn etwas Besseres als einen *gerechten Krieg* gibt es für einen Krieger nicht. Glücklich die Krieger, die eines solchen, ihnen von selbst ohne eigenes Zutun sich bietenden Kampfes teilhaftig werden, der für sie das geöffnete Tor des Himmels ist! Wenn du aber in diesem gerechten Krieg nicht kämpfen willst, dann wirst du deine Pflicht und deinen Ruhm preisgeben und einen Makel auf dich laden; und die Wesen werden von deiner unvergänglichen Schande erzählen. Und für einen, der in Ehren steht, wiegt die Schande schwerer als der Tod. Daß du aus Furcht vom Kampfe abgestanden seiest, werden die großen Krieger meinen; und bei denen du hoch geachtet warst, wirst du klein dastehen. Und viele Worte, die nicht gesprochen werden sollten, werden deine Feinde von dir reden, indem sie deine Tüchtigkeit verspotten. Was gibt es wohl schmerzlicheres als das? Entweder wirst du getötet werden und in den Himmel gelangen, oder siegen und die Erde beherrschen. Deshalb erhebe dich, zum Kampf entschlossen.«[2]

Versteht man diesen Text wörtlich, enthält er die Aufforderung Gottes an den Heerführer Arjuna zum Krieg. Gerade das Gegenteil von Gewaltlosigkeit wird empfohlen, und das in einer Situation, die schon so weit gediehen ist, daß die beiden Heere sich kampfbereit gegenüberstehen. Es erhebt sich da die Frage, warum der bedeutendste Vertreter der Gewaltlosigkeit, Mahatma Gandhi, der eben diese

Gewaltlosigkeit, im Sanskrit Ahinsâ, wörtlich »Nicht-Schädigen«, zum Prinzip seines Lebens gemacht hat, dieses Buch in so hohem Ansehen hielt. Bestimmend für ihn waren dabei ganz andere Gedanken, die ebenfalls in der Bhagavadgîtâ formuliert sind, die aber nicht aus der Kriegerethik, sondern vielmehr aus der Askesetradition stammen. Die Essenz der Gîtâ ist für Gandhi in den letzten 19 Versen des zweiten Kapitels (desselben, aus dem wir soeben zitiert haben) enthalten, die von den Tugenden eines Menschen handeln, dessen »Einsicht fest gegründet« ist. Diese Verse enthalten nach Gandhis Meinung »alles Wissen« und »ewige Wahrheiten«. Ihr Inhalt ist Askese, Zurückziehen der Sinne von den Objekten (wie eine Schildkröte ihre Glieder), Fasten, Selbstbeherrschung und Anschauung Gottes, all dies mit dem Ziel, inneren Frieden zu erlangen.

So verschieden, so heterogen die Ideale dieser beiden Welten auch erscheinen mögen, – es führt doch eine geistes- und religionsgeschichtliche Entwicklungslinie vom Krieger zum Asketen. Und die wollen wir nun nachziehen.

Askese und Gewalt

Der Krieger richtet Gewalt gegen andere, der Asket gegen sich selbst. Die Gewalt des Kriegers bezweckt den Sieg in der Schlacht, die Gewalt des Asketen aber den Sieg über die Götter. Den Vorteil tragen beide davon: der Krieger erringt die politische Macht, der Asket ersiegt Unsterblichkeit. An den frühen Beispielen altindischer Askese läßt sich aber ablesen, daß es auch diesen Leidenskriegern zunächst um diesseitige Vorteile ging, und daß das Streben nach Unsterblichkeit und bald auch das Streben nach dem Ausscheiden aus dem Wiedergeburtskreislauf erst später darauf folgten.

Nehmen wir zum Beispiel den König Shibi (Mahâbhârata 3.130.16–131.32). Der veranstaltete einst ein Opfer, um von den Göttern Sieg in der Schlacht zu erzwingen: *do ut des*. So leicht wollten die Götter es ihm aber nicht machen, mit ein wenig zerlassener Butter, mit ein wenig Ghee gaben sie sich nicht zufrieden. Sie stellten die Opferbereitschaft des Königs auf die Probe. Dazu verwandelte sich

Gott Feuer, Agni, in eine Taube, und der Kriegsgott Indra in einen Habicht. Die Taube, verfolgt vom Habicht, kommt voller Angst zum König Shibi geflogen und sucht bei ihm Schutz und Zuflucht. Die Situation ist als dichterische Metapher für eine ganz alltägliche, ja realistische Zwangslage des Menschen zu verstehen. Der König steckt nämlich nun – unverschuldet! – in einem Dilemma, einem Dharma-Konflikt. Zwei seiner Pflichten als König, die ihm das Weltgesetz, der Dharma, abverlangt, widerstreiten: das Asylrecht und das Beuterecht. Die Taube hat sich in seinen Machtbereich geflüchtet, und es ist die Krieger- und Herrscherpflicht des Königs, ihr Schutz und Schirm zu gewähren. Auf der anderen Seite ist es aber auch seine Pflicht als Krieger, das Beuterecht des Habichts zu respektieren, der als erster seinen Anspruch auf die Taube geltend gemacht hat. Überdies ist der König dem Habicht gegenüber, der sich ebenfalls in seinem Machtbereich befindet und deshalb als sein Untertan gelten muß, verpflichtet, für ausreichende Nahrung zu sorgen. Denn ohne die Taubenbeute müßte der Habicht samt seinen Jungen verhungern. Was also tun? Der König verfällt zunächst auf das Naheliegende: Er bietet dem Habicht das Fleisch anderer Tiere an. Der Habicht jedoch lehnt anderes Fleisch mit dem Hinweis darauf ab, daß er – und das ist nun ganz realistisch beobachtet – sich nur von dem blutigen, noch warmen Fleisch soeben geschlagener Tiere ernähren könne. Da bleibt dem König bloß noch ein Ausweg: Er bietet dem Habicht Fleisch von seinem eigenen Körper, und zwar soviel, wie es dem Gewicht der Taube entspricht. Der Gedankengang ist folgerichtig und durchaus konsequent: Nur durch sein eigenes Fleisch beschneidet der König nicht das Recht auf Unversehrtheit seiner Untertanen, nur wenn er selbst freiwillig leidet, kann der König beide Pflichten, Asylrecht und Beuterecht, in Einklang bringen. Shibi läßt also eine Waage bringen, greift zum Messer, schneidet sich ein taubengroßes Stück Fleisch aus dem Oberschenkelmuskel und legt es in die Waagschale, um es gegen die Taube aufzuwiegen. Nun aber geschieht ein grausames Wunder: Die Taube wird schwerer und schwerer, so daß sich der König gezwungen sieht, mehr und mehr Fleisch von seinem Körper abzuschneiden. Dieses Motiv ist vom Dichter keineswegs an den Haaren herbeigezogen, denn auch das übernatürliche Geschehen steht ganz im Einklang mit dem dämonischen Charakter der Götter, die in ihrer Willkür den Menschen in Zwangslagen bringen, denen er nur durch freiwilliges Leiden entkommen kann. Und in diesem Falle treiben es die Götter auf die Spitze: Es kommt zu dem schauerlichen Ende, daß der König kein Fleisch mehr an seinem Körper findet und als blutiges Gerippe die Waage besteigt, um sein Leben für die Taube einzusetzen. Damit ist das Äußerste an Leidensbereitschaft erreicht, und die Götter müssen sich der magischen Macht, die dem Leiden des Königs Shibi innewohnt, beugen. Taube und Habicht enthüllen ihre wahre Gestalt und geben sich als die Götter Agni und Indra zu erkennen, die gekommen sind, um ihr dämonisches Spiel mit den Menschen zu treiben.

Da sprach der Habicht: »Ich bin Indra, o Dharmakundiger, und diese Taube hier ist der, der das Opfer zu den Göttern bringt (= Agni). Mit dem Wunsch, dich in einem Dharma(-Konflikt) kennenzulernen, sind wir beide zum Opferplatz gekommen. Weil du die Fleischstücke aus deinen Gliedern herausgeschnitten hast, (deshalb) wird dieser dein leuchtender Ruhm über die Welten hinausreichen. Solange, wie die Menschen in der Welt von dir erzählen, o Erdenherr, werden der Ruhm und die Welten, die ewig beständigen, dir zur Verfügung stehen.«

Damit ist die Situation aufgelöst, die Handlungsschlinge zieht sich auf: Das übermäßige Leiden des Königs schlägt um in Glück. Der König erlangt seine Unversehrtheit zurück und noch viel mehr. Sein Ruhm – und Gloria *(kîrti)* ist höchstes Ziel auch in der altindischen Kriegerethik (vgl. Bhagavadgîtâ 2,33–35) – dringt bis an die Grenzen der Welt und nach seinem Tode bis in den Kriegerhimmel. Der Hinweis auf den Ruhm, den der König durch seine Askese, durch Gewalt gegen sich selbst, nicht etwa durch Gewalt gegen Feinde, errungen hat, stellt die Erzählung vom König Shibi unmißverständlich in das ideologische Umfeld der Kriegerethik. Es blieb späteren Religionen wie z. B. Beispiel dem Buddhismus vorbehalten, diesen Legendenstoff zu übernehmen und in ihrem Sinne zu gestalten und zu überformen.

Das Gleichnis vom König Shibi und der Taube verdeutlicht den Grundgedanken der Askese: Leiden *(duhkha)* erdulden, um Glück *(sukha)* zu erlangen. »Damit die Zukunft sich zum Glücklichen wende, (habe) ich dieses große Leiden auf mich (genommen).« (Mhbh 3.282.42) Askese, Gewalt gegen sich selbst, dient damit ursprünglich der Erlangung weltlicher Vorteile durch magische Mittel. Erst in späterer Umdeutung erlangt der Asket durch seine Bußübungen religiöses Verdienst, das nichts anderes ist als gutes Karma, mit dem er eine bessere Wiedergeburt im Geburtenkreislauf erwirkt. Von einem Kreislauf der Wiedergeburten weiß König Shibi im übrigen noch nichts. Ihm geht es um unsterblichen Ruhm im Kriegerhimmel, einem ewigen Paradies.

Das freiwillig erduldete Leiden, mit dem man die Götter zwingen kann, wurde im Sanskrit dann sehr bald mit einem eigenen Begriff bezeichnet, nämlich *tapas,* »Hitze«. Das ist ganz wörtlich zu verstehen, im physikalischen Sinne: Der Asket stellt sich beispielsweise in die Sonne und zündet zusätzlich noch vier Feuer um sich herum an, um sich mit Hitze aufzuladen:

> *shucau caturnâm jvalatâm havirbhujâm / shucismitâ madhyagatâ sumadhyamâ // vijitya netrapratighâtinîm prabhâm / ananyadrishtih savitâram aikshata //*
> »Im Sommer ging sie (d.i. Pârvatî, die Askese treibende Gemahlin des Gottes Shiva) in die Mitte von vier brennenden Feuern, sie mit dem reinen Lächeln und der schlanken Taille. Sie besiegte den augeverletzenden Glanz und schaute unverwandt in die Sonne.« (Kâlidâsa, Kumârasambhava 5.20; vgl. auch die Askese des Vishvâmitra im Râmâyana 1.62.23 ff.)

Er wird so zum *tapasvin,* zum »hitzeerfüllten« Asketen. Die Hitze der Askese ist im magischen Sinne wirkmächtig. Die Askese erzeugt im Menschen eine Macht, die den Göttern gefährlich werden kann. Der mit Askese aufgeladene Mensch kann die Götter zwingen, ihm seine Wünsche zu erfüllen. Der Asket gewinnt also Macht über die Götter. Und eben daher rührt auch das hohe gesellschaftliche Ansehen, das die Asketen bis auf den heutigen Tag in Indien genießen. Mit Tapas zwingt der Asket die Götter, er kann damit sogar Indras Thron ins Wanken bringen und den Gott von seinem Thron stürzen.

Das Beispiel vom König Shibi, der als blutiges Skelett auf die Waage steigt, ist schon schaurig genug. Der Einfallsreichtum der Inder hat aber noch Steigerungen dazu ersonnen. Asketische Gewalt kann sich nämlich nicht nur gegen den eigenen Körper, nicht nur gegen die eigene Person richten, sondern auch gegen andere, nämlich besonders nahestehende, liebe Personen, wie den eigenen Sohn. Eine apokryphe Stelle des Mahâbhârata (Critical Edition, Âranyakaparvan, Part 2, Appendix I, Nr. 21, S. 1074) erzählt, wie ein opferbereiter König, der, nach dem berühmten Tauben-Shibi, ebenfalls Shibi genannt wird, von einem Gott versucht wird. Dieser Gott Vidhâtri tritt als Brahmane an den König Shibi heran und fordert zum Beweis seiner Opferbereitschaft dessen eigenen Sohn als Speise. Ohne Zögern tötet und kocht Shibi seinen Sohn und begibt sich zu dem Brahmanen in die Stadt, um ihm die Speise darzubringen. Er läßt sich auch dann nicht von seiner Entschlossenheit abbringen, als man ihm berichtet, der Brahmane zünde gerade im Zorn des Königs Haus, seine Vorrats- und Waffenkammer, die Gemächer seiner Frauen sowie seine Pferde- und Elefantenställe an. Als Shibi trotzdem weiterhin dem Brahmanen demütig den Sohn als Speise anbietet und sogar der Aufforderung, das Gericht selbst zu essen, ohne Widerspruch folgen will, gebietet der Brahmane Einhalt mit den Worten: *jitakrodho 'si / na te kim cid aparityajyam brâhmanârthe,* »Du hast den Zorn besiegt. Es gibt für dich nichts, das du für die Brahmanen nicht aufgeben würdest.« Er gibt sich als Vidhâtri, der den König versuchen wollte, zu erkennen und entschwindet. In dem Moment steht der Sohn des Königs mit einem Körper wie ein Kind der Götter, geschmückt und parfümiert, vor dem Vater.[3]

Zum Motiv des Sohnopfers ist außerhalb Indiens im übrigen an erster Stelle die alttestamentliche Versuchungslegende von Abraham und Isaak zu vergleichen (Genesis Kap. 22): Abraham, der bereit ist, seinen einzigen Sohn Isaak als Brandopfer für Jahwe zu schlachten und schon den Arm mit dem Messer erhoben hat; im letzten Moment gebietet ihm der Engel Jahwes von den Himmeln her durch Zuruf Einhalt, und als Lohn für seinen Opferwillen schenkt Jahwe dem Abraham zahllose Nachkommenschaft.[4]

Abraham handelt natürlich nicht aus asketischen Motiven, sondern um die Unverbrüchlichkeit seines Glaubens an Jahwe zu beweisen.

Asketenethik

Wenn der Mensch sich mit der magischen Macht der Askese, mit der asketischen »Hitze«, aufladen kann, dann wird er früher oder später auf den Gedanken kommen, nicht abzuwarten, bis die Götter ihn bedrängen und prüfen, sondern vorzusorgen. Dann sammelt er diese magische Macht auf Vorrat, um für den Notfall gewappnet zu sein. Und an diesem Punkt der Entwicklung wird Askese zur Institution, ja sie wird professionalisiert. Das Asketentum wird zum Beruf. Berufsmäßige, professionelle Asketen ziehen entweder allein als Wandermönch durch die Lande, oder sie finden sich in Gruppen zusammen und gründen fern menschlicher Behausungen in der Wildnis eine Einsiedelei, einen sogenannten Âshrama. Die Einsamkeit oder das Leben im Âshrama bedeuten an sich bereits einen asketischen Verzicht, den Verzicht nämlich auf menschliche Gesellschaft.

Im zweiten Kapitel der Gîtâ findet sich nicht nur die Rechtfertigung des »gerechten Krieges«, sondern auch der Lobpreis der Gewaltlosigkeit, der Asketentugend der Ahinsâ, des »Nicht-Schädigens« (auch in 11,55). Von der Kriegerethik abgelöst und im Sinne der Asketenethik zum höchsten Prinzip erhoben wird die Gewaltlosigkeit dann in dem Satz: »Gewaltlosigkeit ist das höchste religiöse Prinzip, und Gewaltlosigkeit ist die höchste Askese. Gewaltlosigkeit ist die höchste Wahrheit. Aus ihr entspringt das religiöse Gesetz.« (*ahinsâ paramo dharmas tathâhinsâ param tapah/ ahinsâ paramam satyam tato dharmah pravartate//* Mahâbhârata 13.116.25, vgl. auch 13.117.37 f.)

Ahinsâ bedeutet wörtlich »Nicht-Schädigen«, also Gewaltlosigkeit. Damit steht das Tötungstabu am Anfang des yogischen Sittengesetzes. Erste und höchste Pflicht eines Yogî und damit eines hinduistischen Asketen und heiligen Mannes, eines Sâdhu, ist es, in Gedanken, Worten und Taten jegliche Verletzung von Lebewesen, Menschen wie auch Tieren, zu vermeiden. U.a. auf dieses Tötungsverbot gründet sich auch der hinduistische Vegetarismus, auf den an dieser Stelle allerdings nicht weiter eingegangen werden kann.

Mahâtmâ Gândhî und die Gewaltlosigkeit

Mohandâs Karamchand Gândhî, genannt der Mahâtmâ, ein religiöser Ehrentitel, mit dem bereits in den Sanskrit-Epen die Rishis, die weisen Seher und Asketen ausgezeichnet wurden, lebte vom 2.10.1869 bis zum 30.1.1948. Seine religiösen Lehren gehören mit ihrem religiösen Universalismus als wesentlicher Bestandteil zum Neohinduismus. Aber Gândhî war es auch, der wichtige religiöse und vor allem ethische Vorstellungen des Hinduismus ganz gezielt und bewußt politisierte. Deshalb soll sein Leben und Wirken repräsentativ für den gewaltfreien politischen Hinduismus stehen, im Gegensatz zu dem gewalttätigen, militant-chauvinistischen Fundamentalismus, der leider zunehmend das Bild des politischen Hinduismus der Gegenwart in der Öffentlichkeit bestimmt.

Gândhî verstand seine »Experimente mit der Wahrheit« – so der Untertitel seiner Autobiographie – als spirituelle Suche nach »Erlösung« *(moksha)*. Auch Gândhîs politisches Wirken ist im Rahmen seines fromm-hinduistischen Lebenshintergrunds zu sehen, der in seiner Lehre eine Synthese mit christlichem Gedankengut eingeht.

Die nach dem Massaker durch General Dyer in Amritsar mit 380 Toten und über 1.000 Verletzten einsetzende Massenempörung lenkt Gândhî in gewaltlose Bahnen durch die von ihm entwickelten Methoden des gewaltlosen Widerstands: des Civil Disobedience und der Non-Cooperation.

– Non-Cooperation beinhaltet den Verzicht auf Ehrentitel und Ämter, den Boykott britischer Waren und die Propagierung indischer Textilien.

– Civil Disobedience bedeutet bewußte Verstöße gegen ungerechte Kolonialgesetze und dadurch herbeigeführte Massenverhaftungen.

Ziel des gewaltlosen Widerstands war der Svarâj, die »Selbst-Regierung«, und damit die Unabhängigkeit von der britischen Krone.

Die Non-Cooperation-Bewegung begann 1920 und dauerte zwei Jahre lang. Während dieser Zeit schwingt Gândhî sich zum charismatischen Führer der Unabhängigkeitsbewegung auf; ohne selbst ein politisches Amt zu bekleiden, wird er von den etablierten Politikern der Congress-Partei anerkannt.

Die altindischen Asketenideale und ihre Politisierung durch Mahâtmâ Gândhî

Gândhîs politische Originalität und Kreativität bestand zu einem wesentlichen Teil darin, daß er es verstand, die individuell-ethischen Ideale der altindischen Asketen in Methoden der politischen Auseinandersetzung umzuformen. Seine Ideale der Gewaltlosigkeit *(ahinsâ)*, Wahrhaftigkeit *(satya)*, Besitzlosigkeit *(aparigraha)*, Keuschheit *(brahmacârya)* und verschiedene Praktiken des zielgerichteten Fastens (Sühnefasten, Hungerstreik) haben ihren Ursprung im hinduistischen Yoga, aber auch in Jinismus und Buddhismus.

Gândhî vereinigt diese Tugenden der altindischen Asketenethik (*ahinsâ, brahmacarya, aparigraha*) mit westlichen Gesellschaftslehren. Er gibt der individualistischen Asketenethik eine soziale Dimension, um sie politisch wirksam werden zu lassen. Sein Grundgedanke dabei lautet: Wenn ich selbst Gewaltlosigkeit übe, überträgt sich diese Haltung auf andere. Satyâgraha, »das Festhalten an der Wahrheit«, wirkt fort bis auf aktuelle politische Auseinandersetzungen im Westen, wenn dieses »Festhalten an der Wahrheit« als passiver oder gewaltfreier Widerstand z. B. in der Friedensbewegung angewandt wird.

Wenn Gândhî von Gewaltlosigkeit als »höchster Religion« spricht, nimmt er auch damit Bezug auf die Asketentradition, die schon im Mahâbhârata die Gewaltlosigkeit als sittliche Norm zum höchsten Prinzip erklärte. Gândhî geht aber über die Tradition hinaus, indem er den inneren Frieden über die Gewaltlosigkeit zu einem sozialen Frieden ausweiten möchte. Westliche Gesellschaftslehren haben bei dieser Betonung des sozialen Aspekts auf Gândhî nach eigenem Bekunden auch ihren Einfluß ausgeübt. Politische Macht als Gewalt (violence) in »konzentrierter und organisierter Form« ist für

Gândhî nur ein recht zweifelhaftes Mittel, die Lebensumstände des Volkes zu bessern. Auf lange Sicht schwebt ihm als Gesellschaftsform folgerichtig ein Zustand »erleuchteter Anarchie« (enlightened anarchy, *Sarvodaya*, S. 70) vor, eine herrschaftslose Gesellschaft, bestehend aus kleinen, autarken ländlichen Gemeinwesen, in denen jeder sein eigener Herr ist und seinen Nachbarn, indem er ihn nicht behindert, in Frieden läßt. Aber das Ideal werde im Leben nie voll verwirklicht, weshalb auch die Gewaltlosigkeit nie ganz umfassend realisiert werden könne, vielmehr ständige Aufgabe bleibe.

Gândhîs Name und sein persönliches Andenken werden auch heute noch von den meisten Indern in Ehren gehalten. Vielen Anhängern und Bewunderern gilt er als der »Bâpû«, der »Vati«. Seine Ideale sind freilich in der Politik korrumpiert worden. Wohl nicht zuletzt auch durch die Beeinflussung durch Christentum und westliche egalitäre Gesellschaftslehren ist Gândhîs Beliebtheit bei vielen außerindischen Intellektuellen, etwa auch in der Friedensbewegung, zu erklären. Doch haben Vertreter des linken politischen Spektrums, in Indien weit mehr noch als im Westen, Schwierigkeiten, Gândhîs ebenso schlichte wie bedingungslose Frömmigkeit, seine Bhakti, zu akzeptieren, die ihnen oft die Grenze zur Frömmelei zu überschreiten scheint. Im Zweifel pflegte Gândhî nach eigenem Bekunden stets auf seine »innere Stimme« zu hören, getreu seiner Devise: »Man muß Gott mehr gehorchen als den Menschen«, ein Satz, der für ihn auch auf dem Gebiet von Jura und Politik verbindlich war.

Wir sehen, wie sich im Leben und in den Lehren des Mahâtmâ Gândhî heterogene Einflüsse zu einer neuartigen, ungeheuer wirksamen Konzeption verbanden. Bhakti und Asketenethik aus dem Hinduismus, daneben christliche Lehren, vor allem aus der Bergpredigt, und ebenso auch westliche Gesellschaftslehren mit ihren egalitären, universalistischen und der natürlichen Lebensweise verpflichteten Gedanken: all dies nahm Gândhî auf und entwickelte seine Version des *gewaltfreien* politischen Hinduismus. Gândhî wurde selbst ein Opfer des *gewalttätigen* politischen Hinduismus, des Hindu-Fundamentalismus, dem wir uns zum Abschluß zuwenden müssen.

Konrad Meisig

Hindu-Fundamentalismus: Gewalt und Bürgerkrieg

Die Schleifung der Bâbrî-Moschee in der nordindischen Stadt Ayodhyâ am Nachmittag des 6. Dezember 1992 und die damit verbundenen blutigen Unruhen zwischen Hindus und Muslims, die Hunderten von Menschen das Leben kosteten, waren der erste Höhepunkt einer Kampagne der *Vishva Hindû Parishad* (VHP), der »Welt-Hindu-Versammlung«, einer Hindu-fundamentalistischen Organisation. Die Kampagne hat im Jahre 1984 begonnen und trägt den Namen *Râmajanmabhûmimukti Ândolana*, die »Bewegung zur Befreiung des Geburtsortes des [Gottes] Râma«. Ziel der Kampagne war und ist es, in Ayodhyâ, U.P., die Bâbrî-Moschee abzureißen und an ihrer statt einen Hindu-Tempel zu errichten. Die Hindu-fundamentalistischen Initiatoren, Organisatoren und Wortführer dieser Kampagne vertreten den Glauben, daß es sich bei der Stelle, auf der die Moschee stand, um den Geburtsort des volkstümlichen Kriegsheroen und Hindu-Gottes Râma handele und daß dort früher, vor der Errichtung der Moschee während der Regierungszeit des ersten Moghul-Herrschers Bâbar (Bâbur, Regierungszeit 1526–30, Moghul-Dynastie 1526–1857), bereits ein Râmatempel gestanden habe – ein Glaube, für den sich im übrigen der archäologische Beweis nicht führen läßt. Nach der Schleifung der Moschee wurde das Gelände durch die Polizei abgeriegelt, um weiteren Ausschreitungen vorzubeugen.

Während der zehnte Jahrestag dieses traurigen Ereignisses, der 6. Dezember 2002, glücklicherweise ohne erneute Ausschreitungen verlief, war es im Vorfeld, im Frühjahr 2002, zu einer Katastrophe gekommen.

Bei einem Pogrom der hindufundamentalistischen Landesregierung der »Indischen Volkspartei« (BJP, Bhâratîya Janatâ Party) gegen die muslimische Minderheit in Gujarat kamen nach offiziellen Angaben an die 1.000 Menschen ums Leben, Menschenrechtsgruppen schätzen die Zahl der Todesopfer, die ganz überwiegend der muslimischen Minderheit angehören, sogar auf mindestens 2.500. Der wirtschaftliche Schaden für Gujarat wird von der Industrie- und Handelskammer des Bundesstaates auf über 250 Millionen Euro geschätzt, mit unabsehbaren Folgen für das Verhalten der umworbenen ausländischen Investoren.

Fundamentalismus im wissenschaftlichen, speziell religionswissenschaftlichen Sinn definiere ich so: *Fundamentalismus bedeutet, weltliches Recht auf religiöse Fundamente bauen zu wollen, und zwar allgemeinverbindlich und mit Gewalt.* Mit anderen Worten: Fundamentalismus ist religiös verbrämter Faschismus; und Faschismus ist säkularer Fundamentalismus. Im Gegensatz zum Fundamentalismus stehen pluralistischer Säkularismus und Pazifismus. Säkularismus nämlich ist gekennzeichnet durch das »Bestreben, die Welt und das menschliche Leben ohne religiöse Bindungen zu gestalten«.[5]

Fundamentalismus sollte also nicht verwechselt werden mit Faschismus, aber auch nicht mit anderen verwandten Ideologien wie Nationalismus, Separatismus oder Militarismus, ebensowenig mit harmloseren Geisteshaltungen wie Traditionalismus oder Konservativismus. Fundamentalismus kann sich aber mit all diesen verbinden und wird dann umso gefährlicher.

Der Hindufundamentalismus wird von manchen auch Hindu-Nationalismus genannt. Das ist ein verschwommener Zwitterbegriff, der Religion und Nation nicht sauber auseinanderhält. Überdies wird der Terminus Hindu-Nationalismus dem Nationalcharakter der indischen Union nicht gerecht, weil die »Nation« der Inder nicht nur aus Hindus, sondern auch aus Bevölkerungsgruppen anderer Religionszugehörigkeit oder gar keiner Religion zusammengesetzt ist. Solche Bevölkerungsgruppen, die sich nicht nur nach Religion, sondern auch nach Volkszugehörigkeit, Kaste oder Sprache unterscheiden, heißen in Indien *communities*. Davon leitet sich der indo-englische Begriff *communalism* ab. Von solchem Kommunalismus spricht man in Indien, wenn eine *community* die andere (oder die anderen) gewaltsam dominieren will. Die Hindufundamentalisten wollen gewaltsam den Staat Bhârat hinduisieren, also die anderen *communities* ihrem Ideal des *hindutva*, des »Hindutums«, unterwerfen. Nationalismus dagegen würde bedeuten, daß alle Bevölkerungsgruppen in der indischen Union als eine Nation im pluralistischen Sinn gleichberechtigt zusammenleben, wie es auch dem Wortlaut der indischen Verfassung entspräche, die in ihrer Präambel den Staat Bhârat als eindeutig säkular bestimmt.

> »We, the people of India, having solemnly resolved to constitute India into a sovereign socialist *secular* democratic republic ...« (*The Constitution of India. Incorporating up to The Constitution (Fifty-fifth Amendment) Act, 1986.* Madras 1988.)

Genau das wollen die Hindufundamentalisten aber nicht, und deshalb ist der Ausdruck Hindu-*Nationalismus* falsch. Gerade im Gegenteil, wenn man die – außerhalb Indiens freilich erklärungsbedürftige – indo-englische Ausdrucksweise übernehmen will, handelt es sich allenfalls um Hindu-*Kommunalismus*. Und da dieser von einer religiösen oder zumindest sich religiös legitimiert fühlenden *community*, nämlich eben den Hindus, propagiert wird, handelt es sich um Hindu-*Fundamentalismus*.

Häufig verbindet sich Fundamentalismus auch mit Separatismus oder Militarismus. Das Ziel einer politischen Abspaltung wird dann scheinreligiös motiviert und die Gewaltanwendung moralisch mit dem Anspruch auf einen gerechten Krieg legitimiert. Dabei sollte man aber das politische Ziel und die religiöse Motivierung deutlich auseinanderhalten.

In ähnlicher Weise ist es nicht gerechtfertigt, bei bloßem Traditionalismus oder Konservativismus gleich von Fundamentalismus zu sprechen. Wenn ein besonders frommer Hindu sich den Grundsätzen seiner Religion verpflichtet fühlt und deren Rituale praktiziert, wenn er mythologischen Vorbildern wie den Göttern Krishna oder Râma huldigt, dann ist er zwar konservativ und traditionalistisch eingestellt. Zum Fundamentalisten wird er aber erst, wenn er seine Glaubensüberzeugungen mit Gewalt anderen aufzwingen will, und sei es seinen eigenen Kindern. Dabei ist klar, daß sich im Alltag die Grenzen zwischen traditionalistischem Erziehungsdruck und fundamentalistischer Gewalt oft nicht klar ziehen lassen, daß die Durchsetzung konservativ-rigider Dogmen fast unmerklich in Vergewaltigung Schwächerer übergehen kann. Eines wird deutlich: die Anwendung von Gewalt, und zwar von physischer wie psychischer Gewalt, ist das eindeutige Unterscheidungskritierium zwischen Traditionalismus und Konservativismus auf der einen Seite und Fundamentalismus auf der anderen.

Hindufundamentalistische Parteien

Organisatoren der hindufundamentalistischen Gewalt gegen religiöse Minderheiten, also vor allem gegen Muslime, aber auch gegen Christen, sind die folgenden Parteien und Vereinigungen. Die führende Rolle spielt die »Welt-Hindu-Versammlung« (VHP = *Vishva Hindû Parishad*) mit ihrem Vorsitzenden (»International Working President«) Ashok Singhal (Ashok Simhal) und Vizepräsident Giriraj Kishore. Deren Jugendorganisation ist die »Affenherde« Bajrang Dal *(bajrânga dala)*, benannt nach dem Affenheros Hanumân aus dem Sanskrit-Epos Râmâyana (Sanskrit *vajrânga* »Der mit den diamantharten Muskeln«). Im Râmâyana werden die Legenden des Gottes und Kriegsheroen Râma erzählt, der in der nordindischen Stadt Ayodhyâ, dem Ort des Tempelkonflikts, geboren sein soll.

Diese halblegalen, z. T. vorübergehend verbotenen, oft im Untergrund operierenden Aktivistenvereine können an die zwei Millionen von Anhängern mobilisieren, darunter auch viele Frauen. Ihr legaler Arm ist die »Indische Volkspartei« (BJP = *Bhâratîya Janatâ Party*). In der »Nationalen Demokratischen Allianz« (NDA = National Democratic Alliance) führt die »Indische Volkspartei« in der Legislaturperiode 2000–2004 eine Minderheitsregierung an, der über 20 Parteien angehören, also die derzeitige indische Bundesregierung. Ihre führenden Minister und Mitglieder der »Indischen Volkspartei« sind der als gemäßigt geltende zögerliche Taktierer Atal Bihari Vajpayee (Atal Bihârî Vâjpeyî) als Premierminister und die vorbestraften Scharfmacher L. K. Advani (Lâl Krishna Âdvânî) als Innenminister (Home Minister) und M. M. Joshi (Muralî Manohara Joshî), Minister für »Human Resources Development«: Der ließ Lehrpläne und Schulbücher im Sinne der hinduchauvinistischen Ideologie umschreiben, derzufolge die Induskultur die Urheimat der vedischen und damit der gesamten Menschheitskultur sei. Im Bundesstaat Gujarat stellt die »Indische

Volkspartei« die Regierung mit absoluter Mehrheit, angeführt von dem Chief Minister Narendra Modî. Soweit die wichtigsten Parteien und Personen.

Unabhängig davon, ob die Tempelbau-Kampagne nun ihr Ziel, die Errichtung des Râma-Tempels auf dem Gelände der Bâbrî-Moschee, erreichen wird oder nicht, – das enorme Gefährdungspotential des Ayodhyâ-Konflikts ist offenkundig: Er entzweit die Hindus untereinander, schürt die Gewalt zwischen Hindus und Muslims und gefährdet sogar das Prinzip des Säkularismus der indischen Regierung. So erscheint Ayodhyâ als Symbol des Hindu-Fundamentalismus, mehr noch: als ein Paradigma für den Widerstreit zwischen Säkularismus und religiösem Fundamentalismus.

Und auch der Pogrom in Gujarat, im Jahre 2002, fast zehn Jahre nach Ayodhya, ist ein Beispiel für den Mißbrauch der Religion durch die Politik. Erkennungsmerkmal solchen Fundamentalismus – soviel möchte ich festhalten – ist die Gewalttätigkeit. Der gewalttätige Hindufundamentalismus erscheint so als die zeitgenössische Ausdrucksform von Krieg und Gewalt im Hinduismus.

5

Zum Problem der Gewalt im Buddhismus[1]

von Lambert Schmithausen

I.

Lassen Sie mich mit einem Text aus dem Pāli-Kanon beginnen: der alten Sammlung autoritativer Texte des Therāvada-Buddhismus, d. h. des Buddhismus Sri Lankas und Südostasiens. Der Text findet sich in mehreren dem Buddha in den Mund gelegten Lehrreden, also im Suttapiṭaka[2], und ist auch in einer Parallelüberlieferung der nördlichen Schule der Sarvāstivādins belegt.[3] Er lehrt, daß es vier Arten von Personen gebe:

1. solche, die sich selbst quälen *(attantapa)*,
2. solche, die andere quälen *(parantapa)*,
3. solche die sich selbst und andere quälen, und
4. solche, die weder sich selbst noch andere quälen.

1. Die erste Kategorie von Personen bilden Asketen, die sich extremen Formen der Selbstkasteiung hingeben, dergestalt etwa, daß sie nackt umhergehen oder nur rauhe, schäbige Gewänder tragen, sich strengste Nahrungsbeschränkungen auferlegen, sich Bart- und Haupthaar ausreißen, unbequeme Haltungen einnehmen, auf Dornen liegen oder sich von der Sonne ausdörren lassen.

2. In die Kategorie der Personen, die andere quälen, werden Metzger,[4] Vogelsteller, Jäger, Fischer, Räuber, Henker und Gefängniswärter eingeordnet – Personen, deren Tätigkeit ausdrücklich als grausam bezeichnet wird. In der nördlichen Version werden hierzu auch Schlangenbeschwörer, ›Hundekocher‹ und Fallensteller gezählt.[5]

3. Als Personen, die sich selbst und andere quälen, nennt der Text Könige und reiche Brahmanen, welche die großen vedischen Opfer veranstalten. Zur Vorbereitung müssen sie sich einer als selbstquälerisch eingestuften Weihe-Observanz *(dīkṣā)* unterziehen, während derer sie nur von etwas Milch leben und auch auf andere Bequemlichkeiten verzichten. Zugleich quälen sie andere, weil sie für das eigentliche Opfer Rinder, Ziegen und Schafe (in der Pāli-Version auch Pferde) schlachten lassen und ihre Diener zur Mitwirkung zwingen. Die Pāli-Version erwähnt in diesem Zusammenhang sogar das Fällen von Bäumen für die Opferpfosten und das Abschneiden von *darbha*-Gras zum Bestreuen des Opferplatzes.

4. Die vierte Kategorie schließlich, die Personen, die weder sich selbst noch andere quälen, sind die buddhistischen Ordinierten, die im Vertrauen auf die Lehre des Buddha dem Weltleben entsagt und den buddhistischen Heilsweg beschritten haben und so zur Befreiung gelangt sind. Dieser Weg basiert auf einer moralischen Lebensführung, zu der an erster Stelle das Abstandnehmen vom Töten lebender Wesen gehört, des weiteren aber auch die Unterlassung sonstiger gewalttätiger Handlungen wie Verletzen, Schlagen, Fesseln, Einsperren oder Berauben.

Der Text verdient unsere Aufmerksamkeit als Dokument eines reflektierten Sichabsetzens des frühen Buddhismus von drei wichtigen Komponenten der damaligen Gesellschaft unter dem Gesichtspunkt der Gewaltanwendung: Abgelehnt werden

1. die selbstquälerische Praxis anderer Asketengemeinschaften wie etwa der Jainas,

2. Formen der Gewaltanwendung und insbesondere der Tötung im profanen Alltag, und

3. Selbstkasteiung und Tötungsakte im Rahmen der herkömmlichen vedisch-brahmanischen Opferrituale der Oberschicht.

Die Lehre bzw. Praxis des Buddha präsentiert sich demgegenüber als ein Weg, der Gewaltsamkeit sowohl gegenüber anderen wie auch gegenüber der eigenen Person vermeidet. Das bedeutet nicht Verzicht auf Strenge und Härte gegen sich selbst, in der Form energischer Bemühung um die Beseitigung der inneren Fehlhaltungen, welche die Befreiung verhindern. Hier kann sogar Kampfes- und Kriegsmetaphorik zur Verwendung kommen: der Buddha – er soll ja dem Kriegerstand entstammen – hat die Schlacht (gegen die unheilsamen inneren Antriebe) gewonnen, hat das Heer Māras des Bösen besiegt.[6] Aber dies darf nicht die Form selbstquälerischer Kasteiungen annehmen, von Gewalt gegen andere Lebewesen ganz zu schweigen.

Das ist aber noch nicht alles, was wir dem Text für unsere Thematik entnehmen können. Vier Punkte fallen auf und verdienen eine eingehendere Betrachtung:

1. Quälen anderer, Gewalt gegen andere, erscheint zwar nicht ausschließlich, aber doch überwiegend als Gewalt gegen *Tiere*.

2. Der Bereich des Militärischen, des *Krieges* als Form der Gewalt, ist *nicht* angesprochen

3. Der buddhistische Weg erscheint als Heilsweg für *Weltentsager*, also für Mönche und Nonnen; die buddhistischen *Laienanhänger* werden nicht explizit in das Schema eingeordnet.

4. Bei allen vier Gruppen handelt es sich um Personen, für die eine gewisse Form von Gewalt (oder eben Gewaltlosigkeit) *typisch* ist, um solche, die das betreffende Verhalten *routinemäßig* oder aus Überzeugung praktizieren.

ad 1.) Zunächst zur prominenten Stellung der Gewalt gegen *Tiere:* Hier ist erstens hervorzuheben, daß im Buddhismus Tiere wie Menschen als empfindungsfähige Lebewesen, die am Leben hängen und unter Schmerzen leiden, ernst genommen werden. Zwar mag es im allgemeinen schlimmer sein, einen Menschen zu töten oder zu quälen,[7] aber auch das Töten oder Quälen eines Tieres ist ein Akt der Unbarmherzigkeit und schlechtes Karma. Zweitens gibt es (und gab es gewiß auch damals), wenn man den Bereich Krieg einmal ausspart, im Alltagsleben eben einfach mehr Personen, die vom Fangen und Töten von Tieren leben, als solche, die – wie die aufgeführten Räuber, Henker und Gefängniswärter – »professionell« Menschen töten oder foltern. Hinzu kommt die rituelle Tiertötung im vedischen Opferwesen; Menschenopfer hat es im damaligen vedischen Ritual wohl nicht gegeben.[8]

ad 2.) Zum Thema *Krieg:* Es ist doch auffällig, daß unter den Personen, die andere quälen bzw. ihnen Gewalt antun, die *Soldaten* fehlen, und ebenso die *Könige* als Kriegsherren. Letztere werden ja vor allem in späteren Texten nicht selten in einer Reihe mit Räubern und Raubtieren genannt,[9] und sie sind gewiß schon zu Buddhas Zeiten zumal im Krieg nicht immer glimpflich mit der Bevölkerung umgegangen (man vergleiche etwa Asokas selbsteingestandenes brutales Vorgehen in Kaliṅga), vom Gemetzel in den eigentlichen Kampfhandlungen ganz zu schweigen. Auch in ihrer Funktion als höchste richterliche Instanz, in der sie nach Auskunft der Texte gerade bei Räubern grausame Torturen, Verstümmelung und Hinrichtung anordneten,[10] werden die Könige nicht aufgeführt; der Text nennt lediglich subalterne Ausführende: die Henker und Gefängniswärter. Selbst die königliche Jagd[11] bleibt unerwähnt; mit den »Jägern« sind mit Sicherheit sozial niedrigstehende Gruppen, die von der Jagd lebten,[12] gemeint, vor allem wohl Stammesangehörige. Wie denn überhaupt als Personen, die andere quälen, nur solche Gruppen aufgeführt werden, die in der sozialen Hierarchie auch schon damals am unteren Rande rangiert haben dürften. Aufgegriffen und implizit getadelt wird hingegen die religiöse Betätigung von Herrschern als Veranstalter mit Tierschlachtung verbundener *Rituale*.

Das alles paßt durchaus in das Gesamtbild der frühkanonischen Texte. *Tieropfer*, zumal solche in großem Stil, wie sie von Königen durchgeführt wurden, werden mehrfach scharf kritisiert.[13] Umgekehrt wird im *Kūṭadantasutta*[14] ein König der Vergangenheit gepriesen, weil er ein Opfer aus Milchprodukten, Honig und Molasse darbrachte. Bei diesem Opfer wurden *keine* Tiere geschlachtet (und auch keine Bäume gefällt und keine *darbha*-Gräser abgeschnitten). Demgegenüber werden in den frühkanonischen Texten explizite Angriffe auf *Kriegführung* und auf *Hinrichtung* als Element des königlichen Strafrechts weitgehend vermieden. Wo der Buddha als Gesprächspartner von Königen oder Ministern beschrieben wird, läßt er es durchweg bei einer allgemein gehaltenen Darlegung der buddhistischen Moralprinzipien bewenden, ohne sie konkret auf die Lebenswelt des Herrschers hin auszulegen.[15] Es bleibt diesem überlassen, in welchem Umfang er sie in seiner Herrschaftspraxis umsetzt.

Wenn die Texte die Haltung des Buddha in dieser Frage getreu überliefert haben,[16] so hat er es bewußt vermieden, sich explizit in die

Grundsatzfragen der politischen Praxis einzumischen. Er dürfte sich der Tatsache bewußt gewesen sein, daß dies nicht nur unrealistisch und zwecklos war, sondern leicht erheblichen Schaden für seinen Orden hätte nach sich ziehen können. In der damaligen Situation, in der sich eine Anzahl rivalisierender und zum Teil aggressiv auf Expansion bedachter politischer Gebilde gegenüberstand, wäre vollständiger Verzicht auf militärische Gewalt einer Selbstaufgabe gleichgekommen und konnte daher für die Herrscher kaum akzeptabel sein. Einer Bewegung, die ihnen eben dies explizit abverlangt hätte, hätten sie gewiß ihre Unterstützung entzogen oder sie gar bekämpft. Hauptziel des Buddha waren aber nicht politische oder gesellschaftliche Veränderungen, sondern individuelle spirituelle Vervollkommnung; *dafür* hatte er seinen Orden gegründet.

Im Gegensatz zu der von gewissen Sachzwängen bestimmten kriegerischen Gewaltanwendung handelte es sich im Falle der vedischen Opfer um eine Maßnahme, deren Effizienz Glaubenssache war, und die eigentlichen Widersacher waren die Brahmanen mit ihrem Superioritätsanspruch. Hier gab es also keinen taktischen Grund, die ethischen Bedenken zurückzustellen.

Daß aber auch kriegerische Gewalt letztlich den ethischen und spirituellen Wertmaßstäben des Buddhismus widerspricht, zeigt sich in einer Gruppe von drei kurzen Lehrreden.[17] Hier befragt ein *Soldat* den Buddha nach seiner Meinung darüber, ob (im Sinne einer alten, schon vedischen Vorstellung) ein Krieger, der den Heldentod stirbt, in den Himmel gelange. Der Buddha zögert auch hier, aber der Fragesteller insistiert, und so rückt der Buddha schließlich doch mit der Antwort heraus: Ein solcher Krieger, so erklärt er, gelangt keineswegs in den Himmel, sondern in eine bestimmte Hölle, bestenfalls in eine Wiedergeburt als Tier. Der Grund dafür ist, daß sein Geist im Augenblick des Todes in einer üblen Verfassung ist; er wünscht ja den Feinden den Tod (hat also eine gewalttätige *Gesinnung*)!

ad 3.) In dem Text über die vier Gruppen von Personen, von dem ich ausgegangen war, sind die buddhistischen *Laienanhänger*, so scheint es, nicht repräsentiert. Es war vielmehr lediglich der *Heilsweg* der buddhistischen *Weltentsager* oder Ordinierten zwei falschen religiösen Praktiken (übertriebener asketischer Selbstkasteiung und vedischer Ritualistik) und der massiven Gewaltanwendung im Alltag gegenübergestellt worden. Indirekt lassen sich aber auch die buddhistischen Laienanhänger in dem Schema unterbringen; denn zum einen ist gewiß davon auszugehen, daß die in dem Schema enthaltene Kritik an der massiven Gewaltanwendung im Alltag und an der vedischen Ritualistik auch mit Hinblick auf die buddhistischen Laien formuliert ist. Es handelt sich hier um Extreme, von denen auch sie sich fernhalten sollen. Zum anderen läßt sich die Tatsache, daß als positives Gegenstück nur der Heilsweg der Ordinierten zur Sprache kommt, dahingehend verstehen, daß deren Lebensführung auch den Laien als Ideal hingestellt wird. Allerdings können die Laien selbst dieses Ideal angesichts ihrer weltlichen Bindungen und Verpflichtungen nicht in vollem Umfang realisieren, sondern nur im Rahmen ihrer jeweiligen Möglichkeiten. Dem tragen die aus anderen Lehrreden[18] bekannten Formulierungen buddhistischer Laienmoral dadurch Rechnung, daß z.B. die den Ordinierten auferlegte absolute *Keuschheit* von den Laien *nicht* verlangt wird; für sie genügt es, von sexuellem *Fehlverhalten* (also gewiß auch sexueller Gewalttätigkeit) Abstand zu nehmen. Totale sexuelle Abstinenz sollen die Laien lediglich an bestimmten Feiertagen *(uposatha)* praktizieren.[19]

Was hingegen die massivste Form der Gewaltanwendung, das *Töten*, betrifft, so machen die Lehrreden bei Ordinierten und Laien keinen Unterschied: beide sollen sich, ganz generell, des Tötens lebender Wesen *(pāṇātipāta)* enthalten.[20] Das klingt maximalistisch, und ist im Falle der Ordinierten auch definitiv so gemeint. In den Texten zur Ordensdisziplin wird nicht nur das Töten von Menschen, sondern auch von Tieren untersagt. An einer Stelle[21] heißt es ausdrücklich: bis hin zu Kleingetier wie Ameisen, und an anderen Stellen[22] wird den Ordinierten verboten, Wasser mit kleinen Tierchen darin zu trinken oder auszugießen, und es wird die Verwendung eines Trinkwassersiebes vorgeschrieben. Sogar die Beschädigung von Samen und Pflanzen müssen die Ordinierten vermeiden.[23] Damit soll sichergestellt werden, daß der Verzicht auf Gewalttätigkeit von den Ordinierten auch gegenüber den Grenzbereichen des Belebten bzw. Empfindungsfähigen eingehalten wird.

Für die Laien hingegen werden solche Detailbestimmungen zumindest im Pāli-Kanon kaum erlassen. In ihrem Falle bleibt es durchweg bei der allgemeinen Formulierung, daß sie sich verpflichten sollen, keine Lebewesen zu töten. Dem buddhistischen Laien, der diese Verpflichtung einhält, wird derjenige gegenübergestellt, für den das Töten von Lebewesen geradezu typisch ist: »Er ist grausam, an seinen Händen klebt Blut, er ist auf Töten und Erschlagen erpicht, unbarmherzig gegenüber allen Lebewesen.«[24] Es sind also auch hier *routinemäßig* mit Töten oder Gewalt befaßte Personen, vor deren Lebensführung die buddhistischen Laien gewarnt werden. Es dürfte sich im wesentlichen um die gleichen Personengruppen handeln, die in der eingangs eingeführten Lehrrede als »andere quälend« bezeichnet worden waren: Metzger, Jäger, Henker usw.; das Wort für »grausam« *(ludda)* bedeutet ja auch Jäger. Deren Lebensführung, sowie die vedischen Tieropfer, stellen somit das negative Extrem dar, von dem sich die buddhistischen Laien fernhalten sollen. Das positive Extrem wäre die vollständige Vermeidung jeglichen Tötens und jeglicher Gewalttätigkeit, wie sie den Ordinierten ausdrücklich auferlegt ist. Daß es im Pāli-Kanon auch sonst bei den Laien im wesentlichen bei der generellen Formulierung dieses Ideals bleibt und auf eine Konkretisierung verzichtet wird, ist m. E. kein Zufall. Es scheint mir vielmehr eine weise Rücksichtnahme auf die unterschiedlichen Zwänge des weltlichen Alltags und auf das jeweilige religiöse Engagement des Einzelnen anzudeuten. Zwischen dem Ideal und dem negativen Extrem liegt gewissermaßen eine Grauzone, innerhalb derer sich die buddhistischen Laien bewegen und im Rahmen ihrer jeweiligen Möglichkeiten um Annäherung an das Ideal bemühen sollen.

(ad 4.) Das wirft vielleicht auch etwas Licht auf den 4. Punkt: auf den Umstand, daß mein Ausgangstext nur auf *habituelle* bzw. *programmatische* Gewalt eingeht. Gewiß, auch spontane Gewaltanwendung im Affekt oder gar in einer Notsituation entspricht nicht dem Ideal, wiegt aber anders als geplante, habituelle Gewalttätigkeit.

II.

[1.] Nach diesem Versuch, zumindest einige wesentliche Aspekte der frühbuddhistischen Einstellung zur Frage der Anwendung von Gewalt anhand einer m. E. aufschlußreichen Lehrrede zu entwickeln, nun noch einige Bemerkungen zu späteren Entwicklungen. Wenn ich die Ausgangssituation richtig verstanden habe, so ließe sie sich vielleicht so zusammenfassen: Der detailliert geregelten vollständigen Gewaltlosigkeit der Ordinierten entspricht bei den Laienbuddhisten eben diese Gewaltlosigkeit als *Ideal*, das sie nach Maßgabe ihrer jeweiligen Möglichkeiten zu verwirklichen bemüht sein sollen. Eine starre Konkretisierung wird vermieden, lediglich die unter allen Umständen zu meidenden negativen Extreme werden markiert. Besondere Zurückhaltung wird im sensiblen Bereich der speziellen Funktionen des Königs geübt. Diese Tendenz hat in den Ländern des Theravāda-Buddhismus dazu geführt, daß für die Bereiche Krieg und Strafrecht die Normen der altindischen Staatslenkungslehrbücher *(arthaśāstra)* galten, die am Ziel des Machterhaltes und der Machterweiterung orientiert waren. Sogar auf die Jagd als Demonstration von Mut und Stärke haben die Könige in den Therāvada-Ländern überwiegend nicht verzichtet. Als Ausgleich für die Übertretung buddhistischer Normen bot sich die Ansammlung von ›Verdienst‹ *(puṇya)* durch Spenden und Stiftungen an den buddhistischen Orden oder für den Bau von Pagoden an.

Ein schönes Beispiel für die Zweigleisigkeit der handlungsbestimmenden Normen ist ein Offizier, von dem berichtet wird, daß er auf dem Feldzug ein Sieb mit sich führte, um etwa darin vorhandene Tierchen aus dem Trinkwasser zu filtern.[25] Den Verdacht, er werde dann wohl auch nicht bereit sein, Feinde zu töten, weist er mit der Begründung von sich, daß diese Tierchen sich im Gegensatz zu den Feinden nicht gegen seinen Dienstherrn aufgelehnt hätten. Er befolgt also die buddhistische Norm strikt, solange sie nicht mit seinen Dienstpflichten kollidiert. Für diese hingegen gelten die Krieger-Normen.

[2.] Es gibt aber auch Texte, die dazu tendieren, die buddhistischen Normen konsequent auch auf den Bereich der Kriegführung und überhaupt der herrschaftlichen Gewalt anzuwenden. Ausdruck dieser Tendenz ist z.B. die Legende von den Śākyas (dem Klan, aus dem der Buddha stammte), von denen berichtet wird, sie hätten sich lieber von dem Aggressor Viḍūḍabha niedermetzeln lassen, als durch gewaltsamen Widerstand ihre Selbstverpflichtung zu brechen.[26] In den *Jātakas* (Erzählungen aus früheren Existenzen des Buddha) findet sich die Geschichte vom Prinzen Temiya,[27] der die mit der Königsherrschaft unlöslich verbundenen Gewaltakte so sehr verabscheut, daß er sich unter Lebensgefahr der Thronfolge entzieht und Asket wird. In einer anderen Geschichte[28] weigert sich der König Mahāsīlavant, sein Reich mit militärischer Gewalt gegen einen Angreifer zu verteidigen. Mehrfach wird auch die Jagd als königliche Beschäftigung kritisiert.[29] Einem späteren Traktat der nördlichen Tradition der Sarvāstivādins zufolge verstößt nicht nur Töten im Krieg oder Töten zum Vergnügen (etwa im Rahmen der königlichen Jagd) gegen die Norm, sondern auch Töten in Notwehr[30] oder sogar Töten, um eine befreundete dritte Person zu schützen; ja, schon die bloße Teilnahme am Krieg oder an der Jagd (selbst die erzwungene) ist ein Verstoß gegen die Norm, es sei denn, der Betreffende gelobe fest, unter gar keinen Umständen zu töten, auch nicht in Lebensgefahr.[31] Man wundert sich dann nicht, daß ein türkischer Khan in Zentralasien in einem Schreiben vor dem Buddhismus gewarnt wird, weil dieser die Leute »gut und schwach« mache und grundsätzlich gegen Krieg und gewaltsame Auseinandersetzungen sei.[32] Die weitgehende Unvereinbarkeit von buddhistischer Ethik und den zu Gewalt nach innen wie nach außen führenden bzw. verführenden Sachzwängen und Versuchungen königlicher Herrschaft wird ausführlich auch von dem Mahāyāna-Autor Āryadeva und seinem Kommentator Candrakīrti dargelegt.[33] Von diesen Autoren wird der König denn auch – im Gegensatz zu der Lehrrede, von der ich ausgegangen war – auf eine Stufe mit Metzgern und Fischern gestellt.[34]

[3.] Auch in der Frage des Tötens von Tieren ist die Tradition der Sarvāstivādins rigider. In deren Version der kanonischen Lehrreden findet sich auch in der Formulierung der moralischen Selbstverpflichtung der Laien, keine Lebewesen zu töten, der Zusatz »nicht einmal eine Ameise«.[35] Das bedeutet, daß auch Laien minutiös darauf zu achten haben, unter gar keinen Umständen wissentlich ein Tier, und sei es noch so klein, zu töten. Die oben angeführte Geschichte von dem Offizier, der auf dem Feldzug ein Sieb mit sich führte, um die Tierchen im Trinkwasser zu retten, stammt bezeichnenderweise aus dieser Tradition. Im Prinzip leuchtet es ja ein, daß auch Laien nicht unnötig Lebewesen, auch Kleingetier, umbringen sollen. Wenn die Selbstverpflichtung aber allzu rigide gefaßt wird, kann sie in manchen Tätigkeitsbereichen, etwa bei den Bauern, zu einer Überforderung und zu ständigen Schuld- und Angstgefühlen führen. Diese werden entscheidend befördert durch die Karma-Lehre, gemäß welcher unheilsame Taten üble Jenseitsfolgen haben, und durch die Tatsache, daß diese Jenseitsfolgen im Laufe der Entwicklung in zunehmend sadistischen Höllenschilderungen drastisch ausgemalt werden[36] (was ich – generell – als massive »ideologische Gewalt« zu werten geneigt bin). Die auf diese Weise gesteigerten Schuld- und Angstgefühle lassen sich jedoch durch wohltätige Spenden mildern, vor allem durch Spenden an den Orden, was diesem nicht ungelegen gekommen sein mag. Oder durch Entschuldungsriten, die ebenfalls eine willkommene Einnahmequelle für den Orden werden konnten. Problematisch konnte auch die (aus der Sicht der buddhistischen Ethik ja durchaus plausible) negative Beurteilung von Erwerbstätigkeiten wie Metzgern und Fischern werden, wenn sie zu einer gesellschaftlichen Diskriminierung der betreffenden Personengruppen führte, die Buddhisten aber gleichzeitig auf deren Produkte nicht verzichten wollten oder konnten. Die Mitverantwortung der Konsumenten wird erst in einer Lehrrede des Mahāyāna[37] anerkannt und verbindet sich dort mit der Konsequenz des Verzichtes auf Fleisch (und Fisch).[38]

[4.] Ich komme noch einmal zurück zum Problem der Spannung zwischen der buddhistischen Norm der Gewaltlosigkeit und den Funktionen eines Herrschers. Ich hatte zwei Muster angedeutet: zum einen das unausgeglichene Nebeneinander buddhistischer und politischer Normen: typisch für die Realität in den Theravāda-Ländern, zum anderen die konsequente Anwendung der buddhistischen Norm der Gewaltlosigkeit auch auf den politischen Sektor: in der Realität nur selten belegt und noch seltener erfolgreich.[39]

Ein etwas anders gelagerter Fall ist das Ideal des Weltherrschers, des Cakravartin[40] – ein deutlich utopischer Versuch der Harmonisierung von expansivem, kriegerischem Herrschaftsanspruch und buddhistischer Ethik. Dieser Cakravartin erobert, so heißt es, die ganze Erde, indem er, *mit seinem Heer*, einem tausendspeichigen Rad folgt, das vor ihm herrollt. Entscheidend ist aber, daß sich ihm alle lokalen Herrscher *kampflos* unterwerfen. Und nachdem er die ganze Erde erobert hat, regiert er *gewaltlos* und gerecht. Da alle Untertanen die Normen der buddhistischen Ethik beachten, gibt es keine Verbrechen und deshalb auch keine Strafen, und da es keine äußeren Feinde gibt, gibt es auch keinen Krieg. Wesentlich ist, daß dieser Zustand zwar *mit Gewalt* herbeigeführt wurde (der *cakravartin* erobert die Welt *mit seinem Heer*), aber *ohne Töten* (weil sich ihm alle lokalen Herrscher ohne Gegenwehr unterwerfen).

Einen Zusammenhang des Cakravartin-Ideals mit dem König Aśoka, der in der Mitte des 3. Jh. v. Chr. fast den gesamten indischen Subkontinent regierte, liegt m. E. nahe. Aśoka war buddhistischer Laienanhänger geworden und bemühte sich, das Reich mit so wenig Gewalt wie möglich zu regieren, in Übereinstimmung mit moralischen Grundsätzen, die der buddhistischen Ethik sehr nahestehen, wozu offenbar auch eine Milderung des Strafrechts und das Aufgeben der Jagd gehörten.[41] Vor seiner Zuwendung zum Buddhismus hatte er allerdings den Teil seines Reiches, den er nicht schon geerbt hatte, mit brutaler militärischer Gewalt unterworfen. Immerhin hat er dies später offiziell in einer Inschrift bedauert. Demgegenüber haben die buddhistischen Könige in Südostasien, die sich die Rolle eines Cakravartin zumaßen, wenig Skrupel verspürt, ihre Nachbarn mit blutiger Gewalt niederzuzwingen, wenn diese nicht willens waren, sich gemäß dem Modell der Cakravartin-Utopie freiwillig zu unterwerfen.[42]

[5.] Einen deutlich realistischeren Versuch einer Harmonisierung von buddhistischer Norm und politischer Realität stellt der Begriff des »gerechten Königs« dar. In manchen Texten ist das Konzept deutlich von buddhistischer Ethik mitgeprägt, so besonders in einer Lehrrede des Mahāyāna, dem *Bodhisattva-gocarôpāya-viṣaya-vikurvaṇa-nirdeśa-sūtra*.[43] Diesem Text zufolge verzichtet der »gerechte« König auf Angriffskriege, Todesstrafe und Verstümmelung, doch wird ihm, im Notfall, das Recht zum Verteidigungskrieg eingeräumt. Er soll aber zunächst versuchen, durch Freundlichkeit, Entgegenkommen und gegebenenfalls auch Einschüchterung eine diplomatische Lösung des Konfliktes zu erreichen. Erst wenn diese Versuche mißlingen, ist es für ihn legitim, zum Schutze seines Volkes in die Schlacht zu ziehen. Nach Möglichkeit soll er die feindlichen Krieger lebend gefangen nehmen. Es trifft ihn aber auch dann keine Schuld, wenn dies nicht gelingt und er sie tötet oder verwundet.

[6.] In der vorigen Quelle war der Einsatz von Waffengewalt mit der anders nicht abzuwendenden militärischen Bedrohung des Reiches bzw. des Volkes, also politisch, gerechtfertigt worden. In einer anderen Mahāyāna-Lehrrede, dem *Mahāparinirvāṇasūtra*[44] (»Große Lehrrede vom Nirvāṇa des Buddha, wohl im Laufe des 4. Jh. n. Chr., spätestens gegen dessen Ende, entstanden), geht es hingegen um den Schutz der *buddhistischen Religion* bzw. ihrer legitimen Repräsentanten. Hier werden die Laien, insbesondere der König, aufgefordert, die buddhistische Lehre, vor allem das Mahāyāna, und die tugendhaften Mönche bei Bedarf auch mit Waffengewalt zu schützen. An einer Stelle heißt es zwar, daß sie dabei niemand töten sollen. An einer anderen Stelle jedoch werden solche Bedenken mit dem Hinweis abgewiesen, daß das Töten von *icchantikas*,[45] d.h. von Personen (auch buddhistischen Mönchen!), die das Mahāyāna und seine Texte verwerfen und unheilsame Lehren verbreiten, weniger schlimm sei als das Töten von Tieren; ja, genau genommen stelle es überhaupt keinen Verstoß gegen die Norm des Nichttötens dar, so wenig wie das Fällen von Bäumen, das Mähen von Gras[46] oder das Zerschneiden einer Leiche. Man kann dies so interpretieren, daß der Wert der zur endgültigen Befreiung verhelfenden buddhistischen Lehre im Konfliktfall höher rangiert als das irdische Leben. Ein anderer Aspekt ist, daß eine gewisse (möglicherweise bedrängte) buddhistische Gruppe versucht haben könnte, Mitglieder des Kriegerstandes dadurch für sich zu gewinnen, daß sie ihnen die Gelegenheit bot, ihre standesgemäße Kriegerfunktion im Einklang mit buddhistischen Normen auszuüben. Ob dabei stets nur integre Motive eine Rolle gespielt haben, sei dahingestellt. Die Möglichkeit des Mißbrauchs liegt jedenfalls auf der Hand;

man darf davon ausgehen, daß diese Art von Texten wesentlich dazu beigetragen haben, daß sich im mittelalterlichen Ostasien und Tibet einzelne buddhistische Richtungen legitimiert fühlten, ihre Vormachtsansprüche gegen andere mit Gewalt durchzusetzen.[47] Soweit ich sehe, ist Gewalt allerdings im allgemeinen nur zur *Verteidigung* der buddhistischen Lehre, zumal auch der (angeblich) wahren buddhistischen Lehre gegen (vermeintliche) Verfälschungen, eingesetzt worden, *nicht* jedoch im Rahmen der *Missionierung*.[48]

Auch in Texten des tantrischen, esoterischen Buddhismus[49] gibt es Stellen, die das Töten von Feinden der buddhistischen Lehre, insbesondere der tantrischen Lehre bzw. Praxis und ihrer Repräsentanten, befürworten. Das etwa im 10. Jh. entstandene *Kālacakra-tantra*[50] (»Rad der Zeit«) beschreibt sogar ausführlich eine Art von endzeitlichem Krieg, in dem der Bodhisattva-König von Sambhala (übrigens unterstützt durch die hinduistischen Götter) die den Buddhismus bedrohenden Muslime endgültig besiegt und vernichtet. Man kann den Text auch als Allegorie des Kampfes gegen die inneren Feinde, die unheilsamen Antriebe und spirituellen Fehleinstellungen, lesen, aber ich glaube nicht, daß der Text *nur* das meint.

[7.] Ein anderes Motiv, das für manche Mahāyāna-Texte in bestimmten Situationen Gewalt und sogar Tötung rechtfertigt, ist das *Mitleid*. Im älteren Buddhismus ist Töten aus Mitleid nicht zulässig. Etwa seit dem 4. nachchr. Jh. gibt es jedoch Ausnahmen, vor allem in einigen Mahāyāna-Texten. Wenn etwa ein Wegelagerer unschuldige Reisende aus selbstsüchtigen Gründen umbringen will,[51] darf und soll ein Bodhisattva (d. h. ein nach der Buddhaschaft Strebender) eingreifen und den Angreifer *aus Mitleid* töten. Zumindest unter Voraussetzung indischer Verhältnisse dürfte bei dem Bodhisattva hier weniger an einen Mönch gedacht sein als vielmehr an einen angemessen bewaffneten und kampferprobten Krieger (der ja durchaus ein Bodhisattva sein kann). Das Mitleid des Bodhisattva ist übrigens weniger Mitleid mit den potentiellen Opfern als vielmehr Mitleid mit dem *Täter*, der sich durch seine Untat Höllenstrafen zuziehen würde. Um dies zu verhindern, ist der Bodhisattva bereit, seinerseits die Norm zu übertreten und sich selbst das schlechte Karma des Tötens aufzuladen. Aber weil sein Motiv lauter ist, erwirbt er sich nach einigen Texten ganz im Gegenteil großes *Verdienst*.

In diesen Kontext gehört auch die esoterische Praktik des »Befreiens« *(sgrol, mokṣa)*.[52] Sie besteht meistens darin, daß feindliche Mächte, repräsentiert durch ein Bildnis, geopfert, d.h. auf rituelle Weise vernichtet, und zugleich in eine heilvolle Seinsweise überführt werden. Der Buddhismus hat diesen Ritus allerdings spiritualisiert, insofern diese feindlichen Mächte meist als die unheilvollen Triebkräfte des Opferers selbst verstanden werden. Gelegentlich kommt aber auch die ursprünglichere, realistische Form vor, bei der die feindliche Macht ein äußerer Feind ist: ein Dämon oder auch feindliche Personen: Übeltäter, Feinde des Buddhismus, bisweilen identisch mit dem politischen Gegner,[53] unter bestimmten Umständen auch persönliche Feinde. Eine andere Form des »Befreiens« besteht in der rituellen Tötung von Lebewesen in unglücklichen, heilsfernen Existenzformen, wozu auch *Tiere* gehören.[54] Man darf dieses Ritual aber nur vollziehen, wenn man sicher sein kann, daß man tatsächlich fähig ist, zugleich mit der Tötung auch die Erlösung des getöteten Lebewesens (gleichgültig, ob Dämon, Mensch oder Tier) zu bewirken, zumindest aber eine günstige Wiedergeburt. Daß es sich auch hier um eine nicht ungefährliche, zum Mißbrauch einladende (und deshalb geheimzuhaltende) Praxis handelt, dürfte sich von selbst verstehen. Das Gleiche gilt für die Auffassung, daß der in der esoterischen Praxis zur Vollendung Gelangte, der Siddha, über allen Gegensätzen und deshalb auch über Gut und Böse, Recht und Unrecht stehe, und selbst von normalerweise besonders unheilvollen Handlungen wie Töten nicht befleckt werde.[55] Wie problematisch das werden kann, zeigt die Gestalt des tibetischen Lama Zhang Tshal-pa (12. Jh.), der sich, als ein Siddha, das Recht herausnahm, auch seine politischen Ziele gegebenenfalls mit Gewalt, auch militärischer, durchzusetzen.[56]

Ich möchte aber keinesfalls den Eindruck erwecken, als stellten die zuletzt skizzierten Ansätze die authentische Position *des* Buddhismus dar. Ich hoffe vielmehr, deutlich gemacht zu haben, daß sie in einem deutlichen *Gegensatz* zur ursprünglichen Einstellung des Buddhismus zu Gewalt und Krieg stehen. Diese ist auch im Mahāyāna-Buddhismus im Laufe der Geschichte niemals ganz vergessen und von herausragenden Geistern auch unmißverständlich betont worden. Man braucht nur an den 14. Dalai Lama zu erinnern, dessen konsequente Position in dieser Frage ja vielleicht auch von Mahatma Gandhi mitgeprägt sein mag, aber doch zugleich an einen genuinen Strang der buddhistischen Tradition anschließt. Im Einklang mit dieser Auffassung tendieren vor allem heutige Vertreter des tibetischen Buddhismus zu einer sehr restriktiven Beurteilung der mahāyānistischen und tantrischen Legitimation einer Anwendung von Gewalt in bestimmten Situationen: eine solche Legitimation gelte nur für besondere Ausnahmefälle, für spirituell sehr weit fortgeschrittene Personen, wie es sie heutzutage ohnehin kaum gebe, und habe deshalb keine praktische Relevanz.

III.

Zum Abschluß möchte ich, aus aktuellem Anlaß, noch einmal zu der Gewaltklassifikation des Textes, mit dem ich begonnen hatte, zurückkehren. Der aktuelle Anlaß sind die sogenannten *Selbstmordattentate*. Die sie ausführenden Personen wären am ehesten in die Kategorie derer, die sich selbst und andere quälen (bzw. umbringen), einzuordnen. Es bedarf keiner Diskussion, daß eine solche Handlung mit dem Geist des *frühen* Buddhismus gänzlich unvereinbar ist. Die Unvereinbarkeit ergibt sich in erster Linie durch die mit den Selbstmordattentaten verbundene Tötung und Schädigung *anderer*. Der Akt der *Selbsttötung* als solcher hingegen ist schwieriger zu beurteilen.[57] Hier ist die Tradition nicht einhellig. Im Normalfall wird Selbsttötung gewiß nicht gutgeheißen. In den kanonischen Lehrreden berichten jedoch drei Texte von einer gewaltsamen (mit einem Messer oder Schwert vollzogenen) Selbsttötung von Personen, denen vom Buddha die Arhatschaft, das Erlöstsein, bescheinigt wird.[58] Immerhin ein Teil der Tradition nimmt an, daß sie schon vor ihrer Selbsttötung Arhats waren. Als Anlaß für ihre Selbsttötung wird in zwei Fällen schwere, schmerzhafte Krankheit angegeben, im dritten der mehrmalige Verlust des (hier offenbar instabilen) Befreiungszustandes. In den beiden ersten Fällen könnte es sein, daß für einen Arhat das Leben keinen Wert mehr hat, da er das höchste Ziel, die endgültige Befreiung von den Unheilsursachen (und damit von der Wiedergeburt), bereits erreicht hat; ein Ertragen extremer physischer Schmerzen ist daher in seinem Fall sinnlos. Im dritten Fall hingegen scheint geradezu ein Konflikt zwischen Fortsetzung des Lebens und Aufrechterhaltung des Befreiungszustandes zu bestehen, und es ist einleuchtend, daß die Entscheidung zugunsten des höheren Wertes fällt.

Ein anderes Motiv für die Hingabe des eigenen Lebens, das vor allem im Mahāyāna voll zum Tragen kommt, ist die *Selbstaufopferung* für andere. Als weiteres Motiv kommt dann, vor allem im fernöstlichen Buddhismus, die Aufopferung des eigenen Körpers zur *Ehre* des *Buddha* hinzu, die nachweislich von einzelnen Mönchen in Gestalt von Selbstverbrennungen vollzogen wurde.[59] Hieran knüpfen, möglicherweise von Gandhis Verwendung des Sterbefastens als politischem Druckmittel inspiriert, die politisch motivierten Selbstverbrennungen buddhistischer Mönche in Vietnam an. In allen diesen Fällen opfert sich jedoch ausschließlich der Betreffende selbst, ohne andere in Mitleidenschaft zu ziehen. Gänzlich unbegründbar ist, auch aus der Sicht des unter bestimmten Bedingungen Gewalt legitimierenden Stranges des Mahāyāna, die wahllose Tötung Unschuldiger.

Hiermit möchte ich schließen. Es ist ohnehin unmöglich, die facettenreiche Problematik der Gewalt in einer so komplexen Tradition wie dem Buddhismus in meinem Beitrag auch nur annähernd erschöpfend darzustellen.

6

Religion und Gewalt

Zur Lebensdienlichkeit von Religion in ihrer Ambivalenz

von Ulrich H. J. Körtner

1. Lehren des 11. September 2001

Die Terroranschläge auf das World Trade Center in New York und auf das Pentagon in Washington am 11. September 2001 haben der Weltöffentlichkeit eine globale Gefahr vor Augen geführt: den religiös motivierten Terrorismus. Die Terroranschläge in den USA waren offenbar nicht nur politisch, sondern auch religiös motiviert. Es wäre jedoch verkehrt, in ihnen den Auftakt zum Kampf der Kulturen, den der Politikwissenschaftler Samuel Huntington prophezeit hat, oder gar zu einem Krieg der Religionen zu sehen. Derartige Thesen gehen nicht nur an den komplexen politischen Realitäten vorbei, sondern verraten auch wenig Kenntnisse über die Weltreligionen in Geschichte und Gegenwart.

Nichts wäre verkehrter und politisch verhängnisvoller, als diese Verbrechen pauschal dem Islam anzulasten und möglicherweise zum Gegenangriff eines »wehrhaften Christentums«, von dem manche schwadronieren, aufzurufen. Eine wohlmeinende Apologie des »wahren Islam« reicht freilich auch nicht zur Erklärung. Die Realität eines militanten Islam läßt sich einfach nicht bestreiten. Gezielte Versuche, den Islam als »Praxis des Friedens« zu propagieren, werden durch eine fundamentalistische Auffassung vom »gihad« und die Revitalisierung vormoderner islamischer Wertvorstellungen kontrastiert.

Grausam, aber wahr: auch das ist Religion – genauso wie die Kreuzzüge des Mittelalters oder die Inquisition, die Judenverfolgungen und die Religionskriege der Reformationszeit. Dass auch die Geschichte des Christentums über weite Strecken ein »Mischmasch aus Irrtum und Gewalt« (Goethe) war, sollte gerade jetzt nicht in Vergessenheit geraten. Auch das »wahre Christentum« ist nicht immer mit seinen empirischen Erscheinungsweisen identisch. Und auch hier gibt es militanten Fundamentalismus. Wer den islamischen Fundamentalismus kritisiert, sollte sich auch mit dem Einfluß christlich-fundamentalistischer Kreise auf die amerikanische Politik auseinandersetzen.

Überhaupt ist es problematisch, wenn Außenstehende bestimmen wollen, was zum wahren Wesen einer bestimmten Religion gehört und was nicht. Wenn Vertreter der christlichen Kirchen nach dem 11. September 2001 sich beeilten zu erklären, diese Anschläge verrieten nach ihrer Überzeugung keinesfalls den wahren Islam, lag ihren auf Deeskalation bedachten Aussagen offenbar eine Vorstellung von dem zugrunde, was denn der wahre Islam sei. Doch genau so wenig, wie sich christliche Kirchenleitungen von Muslimen vorschreiben lassen möchten, was man sich unter dem wahren Christentum vorzustellen hat, geht es an, daß Christen Muslimen erklären wollen, was der wahre Islam ist. Derartige Versuche sind zweifellos gut gemeint, weil sie Feindbilder abbauen und zur Entschärfung von Konflikten beitragen möchten. Doch bergen gerade solche wohlmeinenden Versuche in sich neues Konfliktpotential, weil sie nicht gegen die Überheblichkeit gefeit sind, eine fremde Religion besser verstehen zu wollen als diese sich selbst versteht.

Pauschale Diffamierungen von Religion sind ebenso problematisch wie das einseitig positive Konstrukt »der Religion«, in deren Namen nun die Repräsentanten der verschiedenen Religionsgemeinschaften sich von religiös motivierter Gewalt distanzieren möchten. Alle Menschen, gleich welcher Religion sie angehören, tun gut daran, sich mit der Zweideutigkeit aller Religion selbstkritisch auseinanderzusetzen. Religion kann segensreich wirken, aber auch zur Quelle von Fanatismus und Verderben werden. Religionen sind eben keineswegs in jedem Fall der Schlüssel zum Weltfrieden oder die Basis für ein Weltethos. Auch das gehört zu den Lehren des 11. September 2001.

Theologisch gesprochen steht jede Religion in der Gefahr, Gott oder das Heilige dämonisch zu verzerren. Religiös motivierte Terrorakte zeigen einmal mehr, wie vermessen, ja verbrecherisch es sein kann, wenn Menschen sich anmaßen, im Namen Gottes zu sprechen oder zu handeln. Groß ist auch die Versuchung für eine Religionsgemeinschaft, die übrigen Religionen zu dämonisieren und sie zu bekämpfen, statt den Dialog zu suchen oder eine tolerante Haltung gegenüber Andersgläubigen einzunehmen.

Nicht nur die Religionswissenschaft, sondern auch die Theologie ist gefordert, ihren Beitrag zur Deeskalation politischer Konflikte und zur Überwindung von Vorurteilen zu leisten, durch welche das friedliche Zusammenleben in der multikulturellen und multireligiösen globalisierten Welt von heute gefährdet ist. Neben soliden Informationen über die verschiedenen Religionen ist aber auch der kritische Umgang mit dem Phänomen der Religion und ihren Ambivalenzen vonnöten. Dies verlangt nicht nur nach religionswissenschaftlicher und kulturwissenschaftlicher, sondern auch nach theologischer Kompetenz. Die theologische Auseinandersetzung mit den Zweideutigkeiten der Religion setzt freilich ihrerseits solide religionswissenschaftliche und kulturwissenschaftliche Kenntnisse voraus. Daher sind vermehrte interdisziplinäre Anstrengungen vonnöten.

Zu Recht warnt beispielsweise der katholische Theologe Hans Küng vor einer Dämonisierung des Islam. Allerdings steht nun sein eigenes Projekt Weltethos angesichts eines religiös motivierten Terrorismus auf dem Prüfstand. Religionen sind eben keineswegs in jedem Fall der Schlüssel zum Weltfrieden oder die Basis für ein Weltethos. Auch das gehört zu den traurigen Lehren der jüngsten Zeit.

Küng vertritt die Ansicht, daß ein Ethos für die Gesamtmenschheit ohne religiöse Fundierung nicht möglich sei. Seine grundlegende These lautet: »Kein Überleben ohne Weltethos. Kein Weltfriede ohne Religionsfriede. Kein Religionsfriede ohne Religionsdialog.«[1] So ernsthaft die Bemühungen der Religionen heute auch sein mögen, ihren Beitrag zur Förderung des Friedens zu leisten, so wenig darf doch übersehen werden, daß die Religionen in Geschichte und Gegenwart keineswegs nur die Initiatoren, sondern immer auch der Anlaß für Befriedungsprozesse gewesen sind.

Zweifellos können die Religionsgemeinschaften etwas zur Versöhnung der Völker beitragen. Andererseits aber ist der Friede zwischen den konkurrierenden Religionen immer auch ein wichtiges Ziel politischer Bemühungen und rechtsstaatlicher Gesetzgebung, so daß sich die These Küngs auch umkehren läßt: »Kein Religionsfriede ohne politischen Frieden!« Hieraus ist nicht die Nutzlosigkeit transkultureller und interreligiöser Verständigungsbemühungen abzuleiten. Aber die Rolle der Ethik ebenso wie diejenige der Religionen im Bereich von Politik und Ökonomie, auch auf dem Gebiet der Friedenssicherung, muß realistischer bewertet werden, als es in der Diskussion um Konzepte eines Weltethos zumeist geschieht.

Interreligiöse Dialogbemühungen dürfen sich nicht auf echte oder vermeintliche Konvergenzen der Religionen beschränken. Sie müssen sich produktiv mit der konfliktträchtigen Konkurrenz religiöser Geltungsansprüche, aber auch mit dem »Abschied vom Prinzipiellen« (O. Marquard)[2] auseinandersetzen, den die modernen pluralistischen Gesellschaften vollziehen. Sollen religiöse Geltungsansprüche nicht in Unterdrückung und Gewalt umschlagen, stellt sich die Frage, wie pluralismusfähig insbesondere die monotheistischen Religionen sind. Hierzu gehört die Anerkennung der Religionsfreiheit durch die Religionen selbst sowie des weltanschaulich neutralen Rechtsstaats, der freilich – wie der Verfassungsrechtler E.-W. Böckenförde feststellt – seinerseits von Voraussetzungen lebt, die er selbst nicht schaffen und garantieren kann. Steht im Hintergrund der Überlegungen Böckenfördes die Frage, wieviel Religion der säkulare Staat braucht bzw. die neuerdings wieder von R. Leicht vorgetragene Behauptung, daß ohne Gott kein Staat zu machen ist[3], so stellt sich heute mit gleichem Recht die umgekehrte Frage, wieviel Religion der moderne demokratische und weltanschaulich plurale Rechtsstaat verträgt.[4]

Das ambivalente Verhältnis von Religion und Gewalt, welches in der angedeuteten Zweideutigkeit des Religiösen selbst ihren Grund hat, manifestiert sich im religiösen Fanatismus, mit dem sich der folgende Abschnitt befaßt (2.). Im Zusammenhang unseres Themas verdient aber auch das verbreitete Phänomen der Apokalyptik besondere Aufmerksamkeit (3.). Eine theologische Sichtweise des zweideutigen Verhältnisses von Religion und Gewalt soll im Anschluß an das Religionsverständnis P. Tillichs entwickelt werden (4.) Den Abschluß bilden Überlegungen zum christlichen Liebesbegriff und seinen ethischen Konsequenzen (5.).

2. Das Heilige und Gewalt

Die gewalttätige Seite von Religion manifestiert sich im Fanatismus. Er entlädt sich keineswegs nur in der physischen Gewaltanwendung und in Gewaltexzessen wie z. B. in Religionskriegen, der Ketzerverfolgung oder der christlichen bzw. katholischen Inquisition, gibt es doch auch den Typus des äußerlich unauffälligen stillen Fanatikers, »der also zwar nicht im üblichen Sinn gewalttätig ist, aber doch gewaltsam denkt, formuliert und handelt, z. B. mittels eines für die Umwelt völlig zerstörerischen Psychoterrors.«[5]

Daß Fanatismus und Religion aufs engste zusammengehören, zeigt schon die Geschichte des Begriffs des Fanatischen.[6] Das latenische »fanum« bedeutet »Heiligtum, Tempel, geweihter Ort«. Der »fanaticus« ist der von der Gottheit leidenschaftlich Ergriffene. »Fanari« heißt soviel wie »rasen«. Im Englischen wurde, worauf P. Seidmann hinweist, »fanatisch« noch bis ins 17. Jahrhundert mit ph geschrieben, als sei das Wort griechischen Ursprungs. Tatsächliche waren die »phanai« die bei Fackelschein gefeierten dionysischen Orgien. »Phanos« heißt im Griechischen »Fackel« und gehört zum Wortfeld »phaos, phos« = »Licht, Lebenslicht, Glück, Rettung, Heil«. Von daher leitet sich das Wort »Fanal« ab, das ursprünglich das Feuer- oder Flammenzeichen meint. In diese Wortgruppe gehören ferner die Vokabeln »phantasia«, »Vorstellungskraft« und »phantasma«, d. h. »Bild, leere Einbildung«, sowie schließlich die auch im Neuen Testament begegnenden Wörter »phaneros«, »offenbar« und »phanerosis«, »Offenbarung«.

Fanatismus auch in seinen säkularen Gestalten weist einerseits Züge des Unbedingten auf, wie sie für alle Religionen kennzeichnend sind, und wird andererseits zu dem Erscheinungsformen der Psychopathie gerechnet. Der Psychotherapeut J. Rudin deutet Fanatsimus als

Form von Hysterie oder Schizoidie, von paranoider Wahnbildung und schließlich als Phänomen der Zwangsneurose.[7] Mit Rudin teilt der Psychologe P. Seidmann die Vermutung, »daß für allen Fanatismus die Besessenheit durch die Idee oder Glaubensvision einer absolut lichtvollen, total gereinigten Welt oder Zeit wesentlich sein könnte«[8]. Solch ein Heils-, Säuberungs- und Erlösungswahn kennzeichnet insbesondere alle Spielarten von Apokalyptik, worauf wir im nachfolgenden Abschnitt eingehen werden. Das utopisch-visionäre »Bild der von aller Finsternis und Widerständigkeit zu erlösenden und erlösten Welt, die als eine reinere, gesäuberte Stätte die bisherige unerlöste finstere Gegenwelt ablösen soll« nährt ein messianisches Sendungsbewußtsein. Die Allmacht und Heiligkeit Gottes werden in Bildern der Gewalt, des heiligen Krieges oder des Endgerichts symbolisiert, wobei die Gewaltsamkeit der Sprache und der religiösen Vorstellungswelt jederzeit in reale Gewaltanwendung umschlagen kann.

Dazu gehört auch, wie Seidmann zeigt, die Enthumanisierung Andersgläubiger oder vermeintlicher Feinde und Widersacher. Religiöser Fanatismus spaltet das Böse, das immer auch in der eigenen Person zu finden ist, von sich selbst ab und projiziert es einseitig auf andere. Häretiker, Angehörige anderer Religionen, Rassen und Klassen werden zu Nichtmenschen degradiert, die es zu isolieren, auszustoßen oder physisch auszumerzen gilt. So funktioniert der Sündenbockmechanismus, dem der Literatur- und Kulturwissenschaftler R. Girard mehrere Untersuchungen gewidmet hat.[9]

Auch die Geschichte des Christentums ist reich an erschreckenden Beispielen für derartigen Fanatismus. Neben der Inquisition und den Kreuzzügen stehen Luthers religiös motivierte Aufforderung zur blutigen Niederschlagung der Bauernaufstände 1525 und seine Schrift »von den Juden und ihren Lügen« (1543), neben der Verfolgung sogenannter Hexen der von Calvin angestrengte Prozeß gegen Servet. Calvins Nachfolger Theodor Beza dämonisierte Sebastian Castellio, den Verteidiger Servets gegen Calvin und Vorkämpfer der Toleranz[10], als Monstrum und Satan und verurteilte die Gewissensfreiheit als ein teuflisches Dogma. Vergleichbare Aussagen finden sich bei katholischen Päpsten bis ins 19. Jahrhundert. Auch wenn sich Luther auf sein Gewissen berief und erklärte, für die Wahrheit des Evangeliums solle allein mit dem Wort, nicht mit dem Schwert gekämpft werden, haben sich doch die verschiedenen Richtungen der Reformation untereinander z. T. ähnlich fanatisch bekämpft wie Katholiken und Protestanten. Die Freiheit eines Christenmenschen, für welche Luther stritt, führt keineswegs auf direktem Wege zum modernen Toleranzgedanken, sondern konnte sich erst nach der Erfahrung konfessioneller Bürgerkriege durchsetzen, welche die Einsicht unabweisbar machten, daß einander ausschließende religiöse Geltungsansprüche politisch begrenzt und diszipliniert werden müssen.

Auf den konfessionellen Bürgerkrieg im christlichen Abendland antwortet nicht nur die moderne Toleranzidee und eine ihr entsprechende Religionsgesetzgebung, welche neben der positiven auch die negative Religionsfreiheit garantiert, sondern auch die moderne Hermeneutik. Die Pluralisierung bzw. Literalisierung der Hermeneutik, wie sie auch die moderne Bibelwissenschaft praktiziert, vollzog nach O. Marquard die Abkehr von einer singularisierenden Exegese, welche im biblischen Text stets nur den einen und einzigen Geist zu finden meinte, welcher vom Ungeist der Häresie scharf zu unterscheiden sei.[11]

Religiöser Fanatismus konnte und kann sich bis heute in einer entsprechenden Bibelauslegung oder Auslegung der heiligen Schriften anderer Religionen manifestieren. Die Absolutheit Gottes oder der Gottheit wird auf die schriftlichen Offenbarungszeugnisse übertragen. Der Absolutheit Gottes entspricht der absolute Text. Dies scheint der Kern jedes Fundamentalismus zu sein.

Blickt man auf die bisherigen Ausführungen zurück, so könnte der Eindruck entstehen, als sei Religion im Kern und Wesen fanatisch bzw. gewaltträchtig. Auch wenn für eine derartige These starke Indizien aufgeboten werden können, wird ihr doch mit guten religionswissenschaftlichen und theologischen Gründen widersprochen. »Religion und Glauben«, so erklärt etwa P. Seidmann, »*können* in Fanatismus entgleisen; aber Fanatismus dementiert glaubwürdig humane, verantwortungsbewußte, sich selbst begrenzende Religiosität.

Und ebenso *können* Religions- und Glaubenskriege fanatisch entarten, Kriege ganz allgemein. Aber es gibt Gegenbeispiele.«[12]

Vor allem gilt, daß Gewalt und Aggression nicht erst mit der Religion entstehen und auch unabhängig von Religion auftreten. Die Lebensdienlichkeit von Religion besteht gerade darin, die anthropologische Realität von Aggression und Gewalt zu bearbeiten. So sehr im Namen des Heiligen oder des Absoluten menschliches Leben gefährdet oder physisch vernichtet werden kann, so sehr betonen die Religionen die Heiligkeit und Unantastbarkeit des Menschenlebens, seine Würde oder Gottebenbildlichkeit. In allen Religionen findet sich das Tötungsverbot, welches zwischenmenschliche Gewalt ächtet, wenngleich seine konkrete Auslegung und sein Geltungsbereich zugegebenermaßen unterschiedlich gefaßt werden.

Im Verhältnis von Religion und Gewalt spielt sodann die Institution des Opfers eine wesentliche Rolle. Wie Opfer überhaupt dem Leben dienen sollen, so insbesondere Sühnopfer für jene, die nach religiöser Auffassung ihr Leben aufgrund von Schuld verwirkt haben. Die Lebensdienlichkeit der Religion zeigt sich z. B. in der Entwicklungsgeschichte vom Menschenopfer zum substituierenden Tieropfer. Der buchstäbliche Sündenbock, nämlich das für die Sünden der Menschen geopferte Tier, soll doch der Intention nach menschliches Blutvergießen unterbinden.

Religion, so lautet die bekannte These R. Girards, will den Zirkel von Gewalt und Gegengewalt, der auf der anthropologischen Möglichkeit mimetischer Verhaltensweisen beruht, durch den Ritus des Opfers unterbrechen. »Das Religiöse ist nichts anderes als diese Anstrengung, den Frieden aufrechtzuerhalten. *Das Sakrale ist die Gewalt,* doch wenn das Religiöse die Gewalt verehrt, dann immer nur deshalb, weil es von ihr annimmt, daß sie den Frieden bringe; das Religiöse ist gänzlich auf den Frieden ausgerichtet, aber die Wege zu diesem Frieden sind nicht von gewaltsamen Opferungen frei.«[13]

So offenbart also gerade das Opfer die Lebensdienlichkeit von Religion in ihrer Ambivalenz. Ihre tiefe Zweideutigkeit im Verhältnis zur Gewalt besteht darin, daß die Logik des Opfers letztlich scheitern muß und daher den Frieden nicht bringen kann, nach welchem die Religion sucht. Nach Auffassung des Christentums gelangt die zum Scheitern verurteilte Logik des Opfers mit dem als Heilsgeschehen gedeuteten Tod Jesu von Nazareth an ihr Ende.[14] Doch gehört es zu den Ambivalenzen des Christentums als Religion unter Religionen, daß in ihm selbst die allen Religionen anhaftenden Zweideutigkeiten, auch im Umgang mit der Gewalt, wiederkehren und nicht ein für alle Mal beseitigt werden.

3. Apokalyptik und ihre Zweideutigkeit

Die Zweideutigkeit von Religion und Gewalt im Christentum hängt nicht zuletzt mit dem apokalyptischen Erbe desselben zusammen. Bereits in Verbindung mit dem Begriff des Fanatismus sind wir auf das Phänomen der Apokalyptik gestoßen, das nicht nur zum Erbe des Judentums und des Christentums gehört, sondern auch in anderen religiösen Traditionen zu finden ist. Was das Christentum betrifft, so prägen apokalytische Vorstellungen keineswegs nur die Eschatologie von Randgruppen und Sekten in Geschichte und Gegenwart. Vielmehr ist nach einem bekannten Diktum des Neutestamentlers E. Käsemann die Apokalyptik geradezu als die Mutter aller christlichen Theologie anzusehen.[15] Schon die Predigt Jesu vom Reich Gottes trägt apokalyptische Züge, auch wenn das Denken der zeitgenössischen jüdischen Apokalyptik entscheidend modifiziert wird. Apokalyptische Vorstellungen findet man nicht nur in der Johannesapokalypse, sondern schon bei Paulus und in den synoptischen Evangelien.

Es ist also nicht nur die allgemeine Gefahr des religiösen Fanatismus, welche die Ambivalenz des Verhältnisses von Christentum und Gewalt erklärt, sondern es muß in besonderer Weise auf das apokalyptische Erbe des Christentums und seine Zweideutigkeiten verwiesen werden, deren Auswirkungen bis in die neuzeitliche Geschichtsphilosophie und moderne Formen heilsgeschichtlichen Denkens und des Fortschrittsglaubens reichen. Die Wirkungsgeschichte der jüdisch-christlichlichen Apokalyptik zeigt sich umgekehrt aber auch in den diversen Konzeptionen einer Verfallsgeschichte, in der abendländischen Geschichte negativer Utopien (Dystopien) bis hin zur Öko-Apokalyptik der modernern Umweltschutzbewegung.[16]

Apokalyptische Wurzeln hat aber auch der moderne Islamismus, worauf z. B. der Religionswissenschaftler D. Rice hinweist.[17] Der islamische Fundamentalismus, der sich nicht nur gegen »den Westen«, sondern auch gegen arabische und muslimische Eliten wendet, deutet die weltgeschichtliche Lage des Islam im Rahmen einer apokalyptischen Weltsicht. Die Überlegenheit des Westens, insbesondere der USA, gegenüber der islamischen Welt erscheint als Vorspiel der Endzeit, in der es zum großen Endkampf zwischen Gläubigen und Ungläubigen kommt. Zumindest bei ägyptischen und algerischen Fundamentalisten läßt sich der Einfluß apokalyptischer Schriften eindeutig nachweisen. Vieles deutet aber nach den Untersuchungen von Rice darauf hin, daß sich apokalyptische Elemente auch bei den meisten anderen aktiven fundamentalistischen Gruppen im Islam finden lassen. »Die Kenntnis der muslimischen Lehren von der Apokalypse ist die unbedingte Voraussetzung für das Verständnis des modernen Islam. Wer den enormen Einfluß begreifen will, den apokalyptische Gruppen heute auf Entwicklungen in der muslimischen Welt haben, kommt an diesen Schriften nicht vorbei.«[18]

Allerdings bedürfen die Begriffe »Apokalypse« und »Apokalyptik« einer Klärung.[19] Wenn im folgenden einige Grundzüge apokalyptischen Denkens beschrieben werden sollen, haben wir uns zunächst zu vergegenwärtigen, daß das griechische Wort *apokalypsis* nicht etwa mit »Weltende«, sondern mit »Enthüllung« zu übersetzen ist[20]. Es steht am Beginn der neutestamentlichen Johannesoffenbarung (Apk 1,1) und meint in ihrem Fall die Enthüllung unmittelbar bevorstehender Ereignisse, die zur endgültigen Errichtung der Herrschaft Gottes über seine Schöpfung führen sollen. Das Weltende ist nicht gleichbedeutend mit der Apokalypse, sondern einer ihrer Gegenstände.

Das von F. Lücke im 19. Jahrhundert geprägte Kunstwort »Apokalyptik« bezeichnet in der Bibelwissenschaft eine literarische Gattung jüdischer Schriften aus dem Zeitalter des Hellenismus, deren Gedankenwelt derjenigen der Johannesapokalypse verwandt ist.

Ihnen sind bestimmte Stilelemente gemeinsam wie dasjenige der Pseudonymität, häufig ihre Gestaltung als Visionsbericht, der ausgiebige Gebrauch einer Bildersprache, die – nicht selten durch einen Deuteengel – entschlüsselt werden muß, sowie ein Zug zur Systematisierung des Geschauten durch Ordnungsschemata, insbesondere durch Periodisierungen der Geschichte und durch Zahlenspekulationen.[21] Religionswissenschaftler sprechen von einem »Komplex von Vorstellungen«, die sich auf »die Enthüllung zukünftiger, am Ende einer Weltperiode eintretender Ereignisse« beziehen[22], wobei nicht nur an ein einmaliges Weltende im Rahmen eines teleologischen Geschichtsbildes, sondern auch an periodische Weltuntergänge gedacht werden kann. Dasjenige, was, wie das Wort *apokalypsis* sagt, enthüllt wird, ist also nicht irgendein Beliebiges, sondern das Ende der Welt. Wie es J. Ellul treffend formuliert hat: Apokalyptik ist Enthüllung der Wirklichkeit[23], und zwar als einer untergehenden. Apokalyptik, so läßt sich zusammenfassen, ist Enthüllung der Wirklichkeit im Untergang. Die erhoffte Erlösung impliziert die Zerstörung der vorfindlichen Welt, die in eine Sackgasse geraten scheint. Wie sich im apokalyptischen Denken eine sackgassenartig strukturierte Welterfahrung in der Gewißheit einer unausweichlichen Katastrophe verdichtet, so ist die apokalyptische Hoffnung ihrerseits von der Katastrophalität der Erlösung überzeugt. Der Weg zum Heil führt durch die Katastrophe. Neue Lebensmöglichkeiten liegen nicht innerhalb des gegenwärtigen Geschichtskontinuums, sondern jenseits seines Endes.

Die Wurzeln einer derartigen Sicht der Wirklichkeit sind in gesellschaftlichen oder individuellen Krisenerfahrungen zu suchen. Tatsächlich kann man Apokalyptik als Ausdruck eines Krisenbewußtseins bezeichnen, das auf gesellschaftliche oder politische Umbrüche reagiert. Die jeweilige Gegenwart wird als Krise erlebt, welche mit Hilfe apokalyptischer Denkmuster gedeutet und auf diese Weise bewältigt werden soll. Apokalyptik wäre demnach weniger Zukunftserforschung als vielmehr ein Versuch der Gegenwartsbewältigung.

Diese Gegenwart macht Angst. Neben der Hoffnung auf eine neue Welt bzw. einen neuen Weltzustand läßt die apokalyptische Literatur aller Zeiten ein erhebliches Angstpotential erkennen. Von dieser Angst her, die man als Weltangst charakterisieren kann und welche die Apokalyptik zu bewältigen versucht, können ihre Bildersprache und ihre Deutungsmuster erschlossen werden.[24]

Hilfreich für das Verständnis apokalyptischen Denkens ist ein Blick auf die daseinsanalytische Richtung innerhalb der Tiefenpsychologie und ihre Deutung sogenannter Weltuntergangserlebnisse bei Schizophrenen. C. Kulenkampff hat für deren subjektive Weltsicht den Begriff der sackgassenartigen Weltstruktur geprägt und die Vorstellung des Weltuntergangs aus der Erfahrung des Überwältigtwerdens durch eine übermächtige und durch das eigene Handeln nicht mehr beeinflußbare Außenwelt erklärt[25]. Stürzt die Welt auf das ohnmächtige Subjekt ein, so stürzt eben bildlich vorgestellt die Welt an sich ein.

Apokalyptik ist freilich nicht ohne weiteres mit einem psychopathischen Phänomen gleichzusetzen, wenngleich ihre Weltsicht nicht frei von Zweideutigkeiten ist. Im Unterschied zu psychopathischen Weltuntergangsphantasien antizipiert die Apokalyptik das Weltende als eine noch bevorstehende Möglichkeit. Unabhängig von seinen konkreten historischen Anlässen vermittelt apokalyptisches Denken grundlegende Einsichten in die Verfassung menschlicher Existenz. Es deckt unsere Endlichkeit wie auch die Dimension des Zerstörerischen auf. Dabei geht es nicht etwa nur um Naturgewalten, deren Bildmaterial in Apokalypsen immer wieder verwendet wird, sondern um Strukturen des Bösen und eine verselbständigte Macht. Wo die nicht etwa nur naturhafte, sondern schuldhafte Zerstörung der vorfindlichen Wirklichkeit unausweichlich wird, kann man vom Katastrophischen oder der katastrophischen Dimension der Wirklichkeit sprechen. Und eben diese erfahrbare Katastrophalität der Wirklichkeit wird durch die Apokalyptik zur Sprache gebracht. Apokalyptik erzählt davon, daß nicht nur alles individuelle Leben, sondern auch kollektive, geschichtliche, gesellschaftliche, staatliche und kulturelle Erscheinungen und Konstellationen endlich – zeitlich befristet – sind.

Grundlegend für das apokalyptische Welt- und Geschichtsverständnis ist die Erfahrung menschlicher Ohnmacht und fremder Übermacht. Apokalyptik stellt daher stets die Machtfrage. Sie verharrt dabei allerdings nicht in einer Stimmung der Weltangst, sondern versucht sie zu überwinden, indem sie eine Hoffnung verkündet, welche die Ausweglosigkeit der Endlichkeit und die Dauerhaftigkeit der Ohnmacht negiert. So wird auch das Weltende als bildhafter Inbegriff von Weltangst zu einem Symbol der Hoffnung umgedeutet. Ihre Hoffnung ist aber Hoffnung gerade auf das Ende als Vorbedingung eines Neuen. Die Katastrophalität der Wirklichkeit wird nicht geleugnet, wandelt sich aber zur Katastrophalität der Erlösung. Der drohende Untergang erscheint nun als Übergang oder Durchgang, die Katastrophe als Krise, die Neues heraufführen kann. Die apokalyptische Vorstellungswelt führt uns zu dem Gedanken, daß Zerstörung unter Umständen nicht nur unvermeidlich, sondern auch heilsam und befreiend sein kann. Dieser Gedanke impliziert, daß es Verhältnisse und Lebensumstände gibt, die nicht mehr verbesserungsfähig sind, sondern der Zerstörung preisgegeben werden müssen, damit Neues entstehen kann und neue Lebensmöglichkeiten gewonnen werden.

Indem die Apokalyptik die drohende Weltkatastrophe zur Krise umdeutet, wandelt sich auch die Katastrophenangst zur Krisenangst.[26] Krisenangst ist Entscheidungs- oder Wandlungsangst, die eigene Handlungsmöglichkeiten nicht ausschließt und sich mit der Gebärangst vergleichen läßt. Man erinnere sich in diesem Zusammenhang daran, daß in der jüdisch-christlichen Apokalyptik öfter von den Geburtswehen gesprochen wird, in denen die Welt oder der Äon in der Endzeit liege.[27] Indem sich die Katastrophe des drohenden Weltendes zur Krise wandelt, wird auch die Weltangst umgestimmt, ohne deshalb verdrängt zu werden.

Im apokalyptischen Denken wird die Vorstellung vom Weltende, die zunächst als Ausdruck gesteigerter Weltangst interpretiert werden kann, zur hermeneutischen Basis einer sekundären Welterklärung. Die Weltsicht der Apokalyptik beruht auf einer Hermeneutik des Endes, welche die Welt in ein phantastisch scharfes Licht taucht. Auf diese Weise werden unheilvolle Strukturen der Wirklichkeit und nicht zuletzt solche der Macht aufgedeckt, die von den Mächtigen kaschiert werden. Apokalyptik ist auf ihre Weise eine Form der Aufklärung. Allerdings werden, um im Bild zu bleiben, Strukturen des Bösen von der Apokalyptik nicht nur ans Licht gebracht, sondern überbelichtet. Dadurch reduziert sich die Komplexität des Lebens auf einen Dualismus von Schwarz und Weiß, Gut und Böse, Licht und Finsternis. Die Vereinfachung im Licht des möglichen Unheils kann ungemein erhellend sein, kann aber auch zum Zerrbild der Wirklichkeit und zur Ideologie verkommen, die sozialpsychologisch betrachtet ebenso wie die Weltuntergangserlebnisse Schizophrener pathologische Züge trägt.[28]

Alle Apokalyptik ist also zutiefst zweideutig. Zweideutig wie ihre Sicht der Wirklichkeit bleibt auch die von ihr verbreitete Hoffnung, steht diese doch in der Gefahr, die Angst vor dem drohenden Weltende in Lust am Untergang umschlagen zu lassen. Hieraus resultiert die Gewaltbereitschaft militanter Endzeitsekten, die sich gegen die Umwelt richten oder auch zum kollektiven Selbstmord führen kann. Beispiele aus jüngster Zeit sind die Tragödien der Davidianer, der Sonnentempler oder auch der Giftgasanschlag der Aum-Sekte auf die Tokioter U-Bahn 1995. Ideologiekritisch ist daher stets zu fragen, welche Welt im Einzelfall eigentlich untergehen soll, und wer den Weltuntergang aus welchen Gründen herbeisehnt[29]. Bei Ernst Bloch war die Sprengung der vorfindlichen Welt ein Moment seiner sozialistischen Utopie, bei Ronald Reagan der apokalyptische Showdown mit Moskau als Zentrum des Bösen das ideologische Versatzstück einer fragwürdigen Großmachtpolitik.

Auch ist nicht zu übersehen, daß gerade die Hoffnung auf die katastrophische Beendigung herrschender Zustände oder der Welt insgesamt eine Form des Eskapismus sein kann, der die vorfindliche Wirklichkeit bei ihrer Katastrophalität und ihren negativen Tendenzen behaftet und gerade so reale Handlungs- und Veränderungsmöglichkeiten übersieht oder Veränderungen sogar verhindert. In diesem Fall wird die bedrohliche Welt gerade nicht überwunden, sondern belassen, wie sie ist, und also fixiert.

Ein apokalyptisches Denken aber, welches das Weltbild der Angst fixiert, durchbricht nicht, sondern verfestigt die Ausweglosigkeit des Daseins in einer bestimmten geschichtlichen Situation. Eine jede Veränderung ausschließende Fixierung der vorfindlichen Welt ist nicht nur in höchstem Maße ideologisch und daher kritikwürdig. Sie läßt auch die Apokalyptik an ihrem eigenen Anspruch scheitern,

Angst zu überwinden, indem ihr ideologisches Weltbild statt dessen Angst schürt und neue Ängste gebiert.

Apokalyptik ist kein bloßes Phänomen der Vergangenheit, sondern hat im Zeichen ökologischer Gefahren und der atomaren Bedrohung zunehmend an Plausibilität gewonnen. Sie gedeiht nicht nur in sektiererischen und fundamentalistischen Kreisen, sondern hat sich in den vergangenen Jahren in Literatur und bildender Kunst, in der Rockmusik und im Film, in Philosophie, in der Friedens- und Umweltschutzbewegung zu Wort gemeldet. Apokalyptik ist ein öffentlichkeitswirksames Gegenwartsphänomen. Viele halten die Menschheitsdämmerung für unausweichlich. Die Wahl scheint nicht mehr wie noch für K. Jaspers zwischen Atomtod und globaler Umkehr[30], sondern nur noch zwischen atomarer und ökologischer Katastrophe zu bestehen. Beide werden in apokalyptischen Bildern vorwegphantasiert, welche die vorherrschende Angst symbolisieren. Gegenüber älteren Erscheinungsformen apokalyptischen Denkens besteht freilich ein gewichtiger Unterschied. Waren die Vorstellungen der früheren Apokalyptik weithin Erlösungsvisionen, so fällt der Hoffnungsaspekt in der säkularen Apokalyptik unserer Tage zumeist aus. Jenseits der globalen Vernichtung des Lebens ist keine neue Welt, kein neuer Äon mehr in Sicht. Hoffnung auf Erlösung oder Rettung besteht allenfalls diesseits des wenn auch nicht kosmischen, so doch globalen und damit für die Menschheit totalen Weltendes. Der Literaturwissenschaftler K. Vondung spricht darum von der kupierten Apokalypse, in der sich die zweite Hälfte des herkömmlichen Endzeitszenarios verflüchtigt hat[31]. Diese Feststellung gilt allerdings, wie auch Vondung weiß, nur eingeschränkt, entbehren doch auch die kupierten Apokalypsen unserer Zeit nicht unbedingt jeglicher Hoffnung. Selbst noch im Zeichen der drohenden Auslöschung allen Lebens entwickeln sie die Sehnsucht nach Gegenwelten und einem anderen Leben.

Die Zweideutigkeit apokalyptischen Denkens ließe sich freilich auch an dieser kupierten Apokalyptik aufweisen. Ein Beispiel mag genügen. So schlägt in U. Horstmanns Philosophie der Menschenflucht, die er in seinem Buch »Das Untier« entworfen hat, die Angst vor dem atomaren Holocaust in Hoffnung auf die Katastrophe um.

Im Gefolge A. Schopenhauers, L. Klages oder auch E. M. Ciorans fordert Horstmann: »Vermonden wir unseren stoffwechselsiechen Planeten!«.[32] So wird eine Hoffnung auf das Ende, die G. Anders für völlig undenkbar hält, selbst im Atomzeitalter wieder möglich. Die kupierte Apokalypse kehrt bei Horstmann zur traditionellen Zwei-Äonen-Lehre zurück, wenngleich unter umgekehrten Vorzeichen: Auf den Äon leidvollen Lebens folgt die neue Welt – ohne Leben und von keinem Menschen mehr bewohnt. Mag Horstmanns Pamphlet auch ein Stück philosophisches absurdes Theater in einer absurden Epoche sein, so besteht ein gravierendes Problem apokalyptischen Denkens im Atomzeitalter darin, daß die Grenzen zwischen Realität und Fiktion in den Köpfen der Militärs ebenso zu verschwimmen drohen wie im Bewußtsein ihrer Kritiker. Auch wenn die apokalyptische Zerstörung der Welt nur literarisch oder filmisch inszeniert wird, bleibt das Gewaltpotential aller Apokalyptik erkennbar. Um so nötiger ist ein ideologiekritischer Umgang mit jeglichen Formen einer apokalyptischen Welt- und Geschichtsdeutung. Das aber ist nicht nur eine religionswissenschaftliche, philosophische oder politische Aufgabe, sondern auch eine Aufgabe der Theologie.

4. Die Zweideutigkeiten der Religion in christlich-theologischer Sicht

Daß Religion nicht ihrem Wesen nach gewalttätig oder fanatisch, wohl aber hinsichtlich ihrer Lebensdienlichkeit zweideutig ist, ist auch die theologische These P. Tillichs. Dabei wird vorausgesetzt, daß nicht nur die Religion, sondern daß auch das Leben selbst zutiefst zweideutig ist. Daher ist auch der Begriff der Lebensdienlichkeit nach christlicher Auffassung ambivalent. Man erinnere sich nur an das biblische Jesuswort: »Wer sein Leben erhalten will, der wird es verlieren; und wer sein Leben verliert um meinetwillen und um des Evangeliums willen, der wird es erhalten« (Mk 8,35).

Theologisch gesprochen resultieren die Zweideutigkeiten des Lebens aus der Sünde, die P. Tillich als Entfremdung des Menschen vom Grund seines Daseins, nämlich von Gott als der Macht des Seins selbst deutet. Gott als dasjenige, »was den Menschen unbedingt angeht«[33], d. h. also das Unbedingte oder Absolute, »kann nur durch das Konkrete erscheinen, durch das, was vorläufig und vergänglich ist«[34]. Alle Religion aber ist durch genau diese Spannung zwischen dem Unbedingten und dem Konkreten charakterisiert, in dessen Medium es sich manifestiert. So wird auch das Göttliche selbst im Medium endlicher Vorstellungen gedacht, die ihren Charakter als Symbole nur solange wahren, als ihr Hinweischarakter, der über sich hinaus verweist, gewahrt bleibt. Ausgehend von R. Ottos Idee des Heiligen als Mysterium des tremendum und fascinosum verdeutlicht Tillich die Gefahr und Ambivalenz aller Religion. Sie besteht darin, daß die Medien, in denen das Mysterium des Heiligen in Erscheinung tritt, mit eben diesem Heiligen selbst verwechselt werden. Sobald die Medien des Heiligen mit dem Heiligen selbst identifiziert werden, werden sie »dämonisch«[35]. Solche Dämonisierung des Heiligen ist wiederum auf die Versuche des Menschen zurückzuführen, an der in der Religion sich offenbarenden göttlichen Macht zu partizipieren und sie menschlichen Zwecken dienstbar zu machen.[36]

Im Blick auf das Phänomen des Fanatismus und die Zweideutigkeiten der Religion sind nun folgende Begriffe der Religionstheorie Tillichs zu beachten: der Begriff des Ekstatischen, sowie die Begriffe des Unreinen und des Profanen. Jede Offenbarungserfahrung, d.h. jede Erfahrung der Manifestation dessen, was den Menschen unbedingt angeht, hat nach Tillich einen ekstatischen Grundzug, wobei zwischen Ekstase und Enthusiasmus unterschieden werden muß.[37] In der ekstatischen Erfahrung wird der ontologische Schock, d. h. die existentielle Erfahrung der Fragwürdigkeit des Seins, zugleich wiederholt und überwunden. »Er wiederholt sich in der vernichtenden Macht der göttlichen Gegenwart *(mysterium tremendum)* und in der erhebenden Macht der göttlichen Gegenwart *(mysterium fascinosum)*. Die Ekstase vereint die Erfahrung des Abgrundes, zu dem die Vernunft in all ihren Funktionen hingetrieben wird, mit der Erfahrung des Grundes, zu dem die Vernunft durch das Geheimnis ihrer eigenen Tiefe und der Tiefe des Seins hingetrieben wird.«[38] Die Ambivalenz der religiösen Erfahrung und ihrer Lebensdienlichkeit reicht bei Tillich letztlich bis in das Göttliche selbst hinein, insofern Gott im Sinne Schellings gleichermaßen Grund und Abgrund ist.

Die Grenze zwischen der Lebensdienlichkeit und der Lebensfeindlichkeit von Religion verläuft dementsprechend zwischen Ekstase und dämonischer Besessenheit.[39] Daß sich diese Unterscheidung sinnvoll treffen läßt, ist die theologische Begründung dafür, im Fanatismus und seiner manifesten oder latenten Gewalttätigkeit nicht das Wesen von Religion, sondern lediglich ihre pathologische Variante zu sehen.

Der Begriff des Heiligen wird nun aber auch vom Begriff des Unreinen und des Profanen abgegrenzt. Wie wir sahen, spielt die Opposition von Rein und Unrein im religiösen Fanatismus eine zentrale Rolle. Auch wenn sich das Heilige und das Unreine gegenseitig auszuschließen scheinen, ist dieser Gegensatz doch nicht ohne Zweideutigkeit. Durch die Moralisierung des Heiligen wird aus diesem das Gerechte oder moralisch Gute. Bevor aber dementsprechend das Unreine mit dem Unmoralischen gleichgesetzt wurde, bezeichnete jenes »etwas Dämonisches, etwas, das Tabus und numinosen Schrecken erzeugte. Göttliche und dämonische Heiligkeit waren nicht unterschieden, bis sie unter der Einwirkung der prophetischen Kritik in radikalen Gegensatz traten.«[40] Wenn aber das Dämonische völlig ausgeschieden, das Unreine vom Heiligen abgetrennt und dieses völlig mit dem Reinen identifiziert wird, »dann nähert sich das Heilige dem Profanen. Das moralische Gesetz ersetzt das *tremendum* und *fascinosum* der Heiligkeit. Das Heilige verliert seine Tiefe, sein Mysterium, seinen numinosen Charakter.«[41] Daß aber überhaupt zwischen dem Heiligen und dem Profanen unterschieden wird, so daß das Heilige zu einem Sonderbezirk in der Welt wird, »ist der treffendste Ausdruck für existentielle Zerreißung. Sie ist das Herzstück dessen, was das klassische Christentum ›Sünde‹ genannt hat«[42].

Im Rahmen dieser Konzeption des Heiligen kann Tillich z.B. konkret die Ambivalenz des Religiösen bei Luther und bei Calvin und seinen Schülern theologisch charakterisieren.[43] Luther beschreibe eine zweifellos numinose Erfahrung, die jedoch nicht gegen dämonische Entstellung und gegen ein Wiederauferstehen des Unreinen innerhalb des Heiligen geschützt sei. Bei Calvin und im Calvinismus herrsche dagegen die umgekehrte Tendenz vor. Hier durchdringe die Furcht vor dem Dämonischen Theologie und Glaube. Die Bezeichnung »Puritaner« sei bezeichnend für die fast neurotische Angst des späteren Calvinismus vor dem Unreinen.

Die Lebensdienlichkeit der Religion tritt erst dort vollends zutage, wo die Zweideutigkeiten des religiösen Lebens und seine selbstzerstörerische Macht überwunden werden. Nach Tillich geschieht dies »im Prinzip« in den christlichen Kirchen, freilich wiederum nur, sofern und insoweit sie als Verwirklichung der Geistgemeinschaft gelten können, welche die Grenzen der Konfessionen und des Christentums insgesamt übersteigt. Wohl gilt nach Tillich, daß auch die Kirchen nicht frei von »dämonischen Strukturen der Destruktion« sind, doch gilt gemäß Röm 8 die Verheißung, daß auch diese die Glaubenden nicht von der Liebe Gottes scheiden können.

Jesus als der Christus ist nach Tillich die letztgültige Manifestation des alle Zweideutigkeiten des Lebens überwindenden Neuen Seins. »Die Zweideutigkeiten der Religion in den Kirchen sind durch unzweideutiges Leben besiegt, insofern das Neue Sein in ihnen verkörpert ist. Aber dieses ›insofern‹ warnt uns zugleich davor, die Kirchen mit der transzendenten Einheit unzweideutigen Lebens gleichzusetzen. Wo Kirchen sind, da ist ein Ort, an dem die Zweideutigkeiten der Religion erkannt und bekämpft werden, auch wenn sie nicht beseitigt werden können.«[44]

Somit wäre ein Kriterium für die Lebensdienlichkeit von Religion, inwiefern es am Ort der Religion gelingt, mit ihren gewaltanfälligen Zweideutigkeiten umzugehen und sie zu domestizieren, auch wenn dies immer nur fragmentarisch gelingen wird.

5. Liebe und Gewaltverzicht

Es ist der göttliche Geist, so Tillich, welcher die Zweideutigkeiten des Lebens und somit auch diejenigen der Religion überwindet. Christliche Theologie aber identifiziert den lebensfreundlichen Geist Gottes mit dem Geist Christi. Das Wesen Christi aber wird wie das Wesen

Gottes im Neuen Testament als Liebe bestimmt. Daß das Christentum in seiner Geschichte immer wieder gegen diesen Geist gesündigt hat, ist unbestreitbar. Uns aber interessiert die Frage, inwiefern in der neutestamentlichen Christusbotschaft die Überwindung der Zweideutigkeiten aller Religion angelegt ist.

Betrachten wir unter diesem Gesichtpunkt das Verhältnis von christlichem Glauben und Apokalyptik im Neuen Testament, so läßt sich die These vertreten, daß die sachlogische Überwindung der Zweideutigkeit der Religion im Christentum in der Aufhebung der Apokalyptik besteht.[45] Aufhebung meint, daß das christliche Daseinsverständnis das apokalyptische weder bloß negiert noch es widerspruchslos teilt. Der Begriff der Aufhebung hat in unserem Zusammenhang eine dialektische Bedeutung.

Einerseits ist das Neue Testament über weite Strecken von der jüdischen Apokalyptik beeinflußt. Andererseits wird aber die Apokalyptik im Christentum stark modifiziert. Was die christliche Weltsicht von einer apokalyptischen grundlegend unterscheidet, ist der Umstand, dass ein bereits eingetretenes Ereignis der Geschichte als Einbruch des Heils bewertet wird und damit die Geschlossenheit der Unheilsgeschichte prinzipiell durchbrochen ist. Diesen Unterschied markiert der Glaube, daß Kreuz und Auferweckung Jesu von Nazareth ein die Welt grundlegend und endgültig umwandelndes Heilsgeschehen sind. Gerade indem das Geschick Jesu mit Hilfe der apokalyptischen Vorstellung von der Totenauferweckung interpretiert wird, werden die Voraussetzungen apokalyptischen Denkens verlassen. Neben aller Erfahrung von Heillosigkeit ist die Welt nun zugleich ein Ort der Heilsgegenwart.

A. Schweitzer hat das Christentum interpretiert als Weltbejahung, die durch Weltverneinung hindurchgegangen ist[46]. Sofern nicht, wie es bei Schweitzer geschieht, die Ethik des historischen Jesus, sondern dessen Geschick, das in sich ein Moment der Weltverneinung mit einem solchen der Weltbejahung verbindet, zur Begründung angeführt wird, kann diese These dazu dienen, die Aufhebung der Apokalyptik im Christentum näher zu bestimmen. Die Vorstellung des Weltuntergangs ist Ausdruck radikaler Weltverneinung, welche das Weltverhältnis der Apokalyptik kennzeichnet. Auch der christliche Glaube nimmt eine Haltung der Weltverneinung ein, insofern er den Kreuzestod Jesu als Gericht Gottes über eine Welt der Gottesferne interpretiert, die dem Untergang geweiht ist. Die christliche Botschaft vom Kreuz ist also durchaus eine solche der Weltverneinung. Weil aber eben dieses Kreuz als Selbstentäußerung der Liebe Gottes aufgefaßt wird, ist der Kreuzestod Jesu zugleich als Akt der Bejahung der Welt durch Gott zu verstehen. So kann der christliche Glaube die Welt trotz ihrer nach wie vor erfahrbaren Katastrophalität bejahen, weil eben diese Welt des Unheils in Gestalt des Kreuzes des Heils gewürdigt und zum Ort der Heilserfahrung geworden ist. Eben darum bleibt nun aber auch das Böse nicht in seiner Gottwidrigkeit apokalyptisch fixiert, sondern wird durch die Liebe Gottes überwunden. Wenn das Christentum im Laufe seiner historischen Entwicklung von anfänglicher Weltverneinung zur Weltbejahung vorstoßen konnte, so deshalb, weil letztere – freilich als eine kritische – in der neutestamentlichen Botschaft vom Kreuz bereits angelegt war. Gleichwohl hat der Glaube der Versuchung einer kritiklosen Weltbejahung zu widerstehen. Wie der Weg Christi zur Auferstehungsherrlichkeit nur über das Kreuz führt, so kann auch der Glaube immer nur durch Weltverneinung hindurch zu erneuter Bejahung der Welt vorstoßen. Darin, daß der Glaube durch apokalyptische Erfahrungen angefochten wird und durch apokalyptische Weltverneinung immer wieder neu zur Weltbejahung durchdringen muß, besteht die Aufhebung der Apokalyptik im Christentum.

Hieraus entspringt ein neuer Umgang mit der apokalyptischen Weltangst. Den christlichen Glauben zeichnet ein spezifischer Mut zur Angst aus, keineswegs völlige Angstlosigkeit. Am Neuen Testament läßt sich die Aufhebung apokalyptischer Weltangst studieren, die in der Überzeugung gründet, daß die apokalyptische Struktur der Wirklichkeit durch das Auftreten und das Geschick Jesu von Nazareth im Prinzip durchbrochen ist. Deshalb kann es in Joh 16,33 heißen: »In der Welt habt ihr Angst; aber seid getrost, ich habe die Welt überwunden.« Die Haltung zum Dasein, die aus solchem Glauben resultiert, beschreibt Paulus in II Kor 4,8f.: »In allem sind wir bedrängt, aber doch nicht eingeengt. Wir wissen nicht, wo aus noch ein, aber den Weg verlieren wir dennoch nicht. Verfolgt werden wir, aber nicht im Stich gelassen; zu Boden geworfen, aber nicht zunichte gemacht.« So wird in paradoxer Weise im christlichen Glauben die apokalyptische Daseinserfahrung zugleich geteilt und negiert.

Das gilt nun auch für den neutestamentlichen Umgang mit dem Bösen, wie er sich gerade aus dem radikalen Verständnis der Sünde im Neuen Testament ergibt, das vor allem in der paulinischen Lehre von der Rechtfertigung des Sünders allein durch den Glauben hervortritt. Im Anschluß an Paulus läßt sich das Heil als Annahme des Sünders durch den ihm bedingungslos gnädigen Gott bestimmen. Im Heilsgeschehen begegnet Gott dem Menschen richtend und zugleich rettend als der ganz Andere. Das Heilsgeschehen bedeutet die Überwindung des zwischen Gott und dem Menschen bestehenden unversöhnlichen Widerspruchs. Was Paulus als Rechtfertigung des Sünders beschreibt, läßt sich mit einem anderen Begriff auch als dessen bedingungslose Anerkennung bezeichnen. Anerkannt wird der Mensch freilich nicht wegen seiner Taten, sondern trotz derselben, derart, daß Gott zwischen dem Täter und seinen Taten unterscheidet. Trotz seines tätigen Widerspruchs gegen Gott als den Grund seines Daseins wird der Mensch von diesem anerkannt und im Geschehen des Glaubens seinerseits zur Anerkennung Gottes als des ganz Anderen befreit.

Der christliche Glaube ist also eine spezifische Erfahrung des Andersseins und des Fremdseins, dessen Ambivalenz in seinem Oszillieren zwischen Faszination und Feindseligkeit liegt.[47] Die Bibel charakterisiert den unversöhnten Menschen als Feind Gottes. Sünde ist der biblische Begriff für die Feindschaft des Menschen gegen Gott. Das neue Testament aber bestimmt Gottes Wesen als Liebe, genauer gesagt als Feindesliebe. In Röm 5 interpretiert Paulus den Tod Jesu als Inbegriff und Verwirklichung der Feindesliebe Gottes. Umgekehrt fordert der matthäische Christus in der Bergpredigt seine Jünger zur Feindesliebe auf, weil sie vollkommen sein sollen, wie ihr Vater im Himmel vollkommen ist (Mt 5,43ff.). Die Anerkennung des Gottlosen ist also Feindesliebe.

Feindesliebe ist die christologisch zugespitzte, radikalisierte Form der Anerkennung des Anderen. Feindschaft bedeutet, den Anderen und sein Anderssein zu negieren. Weil sie das Dasein des Feindes negiert, scheint sie es diesem unmöglich zu machen, den ihn feindlich Gesinnten seinerseits anzuerkennen. Denn dies käme ja der Selbstzerstörung gleich. Doch genau diese Selbstzerstörung hat Christus nach dem Zeugnis des Neuen Testamentes auf sich genommen. Dem Glauben aber erschließt sich der Tod Christi als Selbstoffenbarung der Liebe Gottes, als Offenbarwerden der unentschuldbaren Feindschaft gegen Gott und zugleich als grundlose, bedingungslose Gnade, trotz aller Schuld von Gott angenommen und geliebt zu sein. Im Tod Jesu, der auf der Linie von II Kor 5,18–21 als Versöhnung stiftendes Selbstopfer Gottes verstanden werden kann, kommt die Logik des Opfers im Prinzip an ihr Ende.

Es ist der Glaube an das Geschick Jesu als allein rettendes Heilsgeschehen, d.h. also gerade der Glaube an die Exklusivität dieses Geschehens, welcher als sachlicher Grund einer Hermeneutik der zwischenmenschlichen und interreligiösen Anerkennung begriffen werden muß. Dem Glauben an die Heilsbedeutung des Todes Jesu, welche soeben im Hinblick auf das Problem der Anerkennung interpretiert wurde, korrespondiert zudem eine spezifische Form der Toleranz, welche z.B. die Alternative einer exklusivistischen und einer inklusivistischen Theologie der Religionen transzendiert.[48] Sie basiert nämlich gerade nicht auf der Relativierung konkurrierender Wahrheitsansprüche, sondern auf der Anerkennung ihrer Widersprüchlichkeit. Die dem Christusbekenntnis entsprechende Toleranz ist insofern exklusivistisch, als sie die dem christlichen Glauben widersprechenden Wahrheitsansprüche nicht inklusivistisch für das eigene Wahrheitsverständnis zu vereinnahmen versucht, vielmehr gerade als Widerspruch gelten läßt. Anders als das pluralistische Religionsmodell hebt die hier skizzierte, christologisch begründete Hermeneutik der Anerkennung vorhandene Widersprüche nicht im Sinne eines Komplementaritätsmodells auf, sondern läßt sie als Infragestellung und gegebenenfalls sogar als Negation des eigenen Glaubens gelten. Der Widerspruch soll andererseits nicht, wie es in der Geschichte des Christentums immer wieder geschehen ist, unterdrückt, sondern als solcher anerkannt werden. Er kann aber anerkannt werden nur so, daß ihm nicht *zugestimmt*, sondern daß er *ertragen* wird – und eben das meint ja wörtlich das lateinische Wort

»tolerantia«: ein Ertragen, das zugleich ein *Erleiden* ist. Solches Erleiden ist eine Gestalt der Nachfolge Christi, dessen Wahrheit sich im Leiden und gerade nicht gewaltsam durchsetzt.

Dem entspricht die biblische Mahnung, das Böse durch das Gute zu überwinden ebenso wie die reformatorische Unterscheidung zwischen der Person und dem Werk des Sünders. Weil die Verfallenheit der Welt an die Macht der Sünde radikal gedacht wird, ist die Möglichkeit zu bestreiten, das Böse als solches aus der Welt zu schaffen, indem die vermeintlich Bösen eliminiert werden. Gleiches gilt für die Zweideutigkeiten der Religion, welche ihre Lebensdienlichkeit ins Zweilicht rückt. Jeder religiös motivierte Versuch, diese Zweideutigkeiten ein für alle Mal beseitigen zu wollen, läßt nämlich die Religion erneut in Fanatismus umschlagen und pervertiert gerade so die Religion zur Erscheinungsform des Bösen.

Der christlichen Lehre von der Sünde und ihrer Vergebung entspricht dagegen, recht verstanden, die Absage an jede Form von Intoleranz und messianischen Fanatismus. Sie kommt in der Mahnung des Jesus zugeschriebenen Gleichnisses vom Unkraut unter dem Weizen zum Ausdruck, in welchem ein Bauer seinen Knechten untersagt, das Unkraut auf dem Felde auszuraufen, weil sie zugleich mit ihm auch den heranwachsenden Weizen vernichten würden (vgl. Mt 13,24–30). Die Absage an den Wunsch, das Böse vernichten zu wollen, ist aber auch dem Wort des johanneischen Christus zu entnehmen: »Wer unter euch ohne Sünde ist, der werfe den ersten Stein« (Joh 8,7).

Aus solchen Worten spricht keine ethische Resignation. Das Gleichnis vom Unkraut unter dem Weizen wie das zitierte Wort aus dem Johannesevangelium zeigen vielmehr eine Möglichkeit auf, wie dem Bösen zu widerstehen ist, ohne Böses mit Bösem zu vergelten und so der Logik des Bösen zu erliegen. So kann denn auch Paulus ganz im Sinne der Bergpredigt schreiben: »Laß dich nicht vom Bösen überwinden, sondern überwinde das Böse mit Gutem« (Röm 12,21) und diese Mahnung am Beispiel der Segnung der Verfolger, des Verzichts auf Vergeltung und im Zweifelsfalle auf die juristische Durchsetzung des eigenen Rechtes konkretisieren[49].

Dementsprechend motiviert der im Christusbekenntnis begründete Glaube an die Vergebung der eigenen Sünden dazu, auch die Strittigkeit des universalen Geltungsanspruchs der christlichen Heilsbotschaft und die Widersprüchlichkeit divergierender Gotteserfahrungen zu ertragen. Im Wissen um das bedingungslose eigene Anerkanntsein durch den Gott Jesu Christi ist auch derjenige, welcher meinem eigenen Glauben explizit oder implizit durch die Praxis seiner eigenen Glaubensweise widerspricht, anzuerkennen als jemand, dem, wie mir selbst, die bedingungslose Anerkennung durch Gott verheißen ist.

Daß aber ein und derselbe Gott hinter den verschiedenen, in den unterschiedlichen Religionen erfahrenen Gottheiten oder Offenbarung des Göttlichen, aus denen einander widersprechende Geltungsansprüche abgeleitet werden, stehen soll, gehört aus christlicher Sicht zur *Verborgenheit* Gottes. Gottes Verborgenheit besagt, daß mir fremde Gotteserfahrungen nicht zugänglich sind – oder aber ich werde zum Anhänger einer anderen Religion. Als mir unzugängliche Gotteserfahrungen vermögen sie mir nicht zur Quelle religiöser Gewißheit zu werden. Die Verborgenheit Gottes läßt sich nicht theoretisch-abstrakt aufheben durch eine generalisierende Philosophie oder Theologie der Religionen, sondern ist als *Anfechtung* der eigenen Glaubensgewißheit zu erdulden, welcher einzig mit der Zuversicht des im Christusbekenntnis begründeten Glaubens zu begegnen ist, daß Gottes universaler Heilswille, wie er für die Christen in Jesus von Nazareth offenbar geworden ist, sich letztlich nicht widersprechen kann und durch Gottes Verborgenheit in der widersprüchlichen Vielfalt der Religionen nicht dementiert werden kann.

Ein derartiger Toleranzgedanke, wie er hier systematisch-theologisch rekonstruiert worden ist, begründet die Selbstbegrenzung von Religion intrinsisch – und nicht etwa nur extrinsisch-politisch, wie ja faktisch der Toleranzgedanke der Neuzeit zunächst gegen die christlichen Konfessionen im Zeitalter des konfessionellen Bürgerkriegs durchgesetzt werden mußte. Nicht zuletzt die ökumenische Bewegung des 20. Jahrhunderts zeigt aber, wie der Toleranzgedanke von den christlichen Konfessionen selbst angeeignet werden konnte, so daß es zu einer neuen Verhältnisbestimmung von universalem Geltungsanspruch und partikularer Wahrheitserkenntnis kam. Daß der Toleranzgedanke nicht nur in den sogenannten mystischen Religionen, sondern auch in den prophetischen Religionen entwicklungsfähig ist, sei gerade mit Blick auf den Islam betont, dessen eingeschränktes Toleranzverständnis immer wieder als vormodern und aufklärungsfeindlich kritisiert wird.[50] In welcher Weise sich die verschiedenen Religionen weiterentwickeln, ist aber nicht vorhersagbar.

Anmerkungen

1
Krieg und Gewalt im antiken Israel
von Hans-Peter Müller

[1] *Lorenz*, Das sogenannte Böse, Wien 1963; Über tierisches und menschliches Verhalten, bes. II, München 1965; *Lorenz / P. Leyhausen*, Antriebe tierischen und menschlichen Verhaltens. Gesammelte Abhandlungen, München 1968. Abkürzungen nach *S. M. Schwertner*, Theologische Realenzyklopädie. Abkürzungsverzeichnis, Berlin / New York 1994[2].
[2] Vgl. *W. Schmidbauer*, Ethnologische Aspekte der Aggression (in: A. *Plack* [Hg.], Der Mythos vom Aggressionstrieb, München 1973, 249–276), 252f.257–259; anders *I. Eibl-Eibesfeldt*, Krieg und Frieden aus der Sicht der Verhaltensforschung, München / Zürich 1997[4], 146–224.
[3] Vgl. *H. von Stietencron* (Hg.), Angst und Gewalt. Ihre Präsenz und ihre Bewältigung in den Religionen, Düsseldorf 1979.
[4] Sowohl das deutsche Wort »Krieg« als auch das arabische *ǧihād* bedeutet etymologisch »Anstrengung«. Zu »Krieg« vgl. *F. Kluge – W. Mitzka*, Etymologisches Wörterbuch der deutschen Sprache, Berlin 1967[20], s. v.; *ǧihād* ist von *ǧahada* »sich bemühen, sich anstrengen« abzuleiten, vgl. *H. Wehr*, Arabisches Wörterbuch über die Schriftsprache der Gegenwart, Wiesbaden 1958[3], s.vv.
[5] Entsprechend sind die meisten physiologischen Reaktionen auf Angst bei den Säugetieren gleich; vgl. *D. von Holst*, Biologie der Angst (in: *von Stietencron*, a. a. O. [s. Anm. 3], 15–26), 17f.
[6] Vgl. *Eibl-Eibesfeldt*, a.a.O. (s. Anm. 2), 146–149, bes. 147,216–224.226 u.ö; Ders., Aggression und Krieg. Zur Naturgeschichte der Aggression (in: *W. Schiefenhövel u.a.* [Hgg.], Zwischen Natur und Kultur. Der Mensch in seinen Beziehungen, Stuttgart 1994, 189–215).
[7] Im Übersee-Phönizischen und im Punischen findet sich entsprechend eine Priesterbezeichnung *mqm 'lm* »Erwecker des / eines Gottes«; vgl. *Vf.*, Der phönizisch-punische *mqm 'lm* im Licht einer althebräischen Isoglosse (Or. 65, 1996, 111–126).
[8] Vgl. *Eibl-Eibesfeldt*, Krieg und Frieden (s. Anm. 2), 76–95, zum ›Waffen‹-Gebrauch 93–95; zur ›kulturellen Evolution‹ von der Zwischengruppen-Aggression zum Krieg daselbst 146–224. Vgl. Anm. 65.

[9] *Kierkegaard*, Der Begriff Angst, übersetzt von *E. Hirsch*, Düsseldorf 1952.
[10] *Heidegger*, Sein und Zeit, Tübingen 1960[9], 140–142 gegenüber 184–191.
[11] Radikaler und allgemeiner urteilt *R. Girard* im Blick auf die Begierde: Sie sei zunächst auf nichts festgelegt und finde ihre Objekte durch Lernprozesse, bei denen Nachahmung eine große Rolle spielt. Aggressivität als Spezifikation von Begierde werde – in Wiederholung eines ›Gründungsmords‹, worin sich der Hass einer Urhorde auf einen unschuldigen Einzelnen konzentriert – in vielen Religionen auf Opfer als ›Sündenböcke‹ gerichtet, so dass zwar nicht Gott, aber die menschliche Gewaltbereitschaft versöhnt wird, was wiederum den Menschen vor seiner eigenen Aggressivität schütze. Vgl. *S. Brand*, Opfer als Gedächtnis (Altes Testament und Moderne 2), Münster u.a. 2001, 21 ff. (Lit.).
[12] Vgl. an grundlegenden älteren Arbeiten *F. Schwally*, Semitische Kriegsaltertümer 1: Der heilige Krieg im alten Israel, Leipzig 1901; *G. v. Rad*, Der Heilige Krieg im alten Israel, Göttingen 1965[4]; *F. Stolz*, Jahwes und Israels Kriege. Kriegstheorien und Kriegserfahrungen im Glauben des alten Israel (AThANT 60), Zürich 1972.
[13] Die Existenz eines ›Deuteronomistischen Geschichtswerks‹ wird freilich auch bestritten, etwa von (*E. Sellin* /) *G. Fohrer*, Einleitung in das Alte Testament, Heidelberg 1979[12], 209–212; *C. Westermann*, Die Geschichtsbücher des Alten Testaments. Gab es ein deuteronomistisches Geschichtswerk?, Gütersloh 1994.
[14] Ein schwer zu überschätzendes Hindernis für die Erforschung der historischen Tatsächlichkeit der vorstaatlichen Kriege Israels ist, dass wir die psychischen Hintergründe kollektiven und individuellen Verhaltens in der Frühzeit kaum zu erkennen vermögen; dieser unüberwindliche Mangel steht auch einer sicheren Kriterologie zur Überlieferungsgeschichte, Literarkritik etc. im Wege, was selten genügend beachtet wird.
[15] *Soggin*, Art. »Krieg II« (TRE XX, 1990, 19–25), 23. Vgl. aber auch seine noch wesentlich zurückhaltenderen Äußerungen in: Bemerkungen zum Deboralied, Richter Kap. 5 (ThLZ 106, 1981, 626–639), und in: Judges. A Commentary (OTL), London 1987[2], 60–101.
[16] So scheinen die Termini *p^{e}rāzôn* Ri 5, 7.11 und *mitnadd^{e}bîm* V. 9 (vgl. 2) eine militärische Führerschaft zu bezeichnen; vgl. zu *p^{e}rāzôn*: *Vf.*, History-oriented Foundation Myths in Israel and its Environment (in: J. *W. van Henten* / *A. Houtepen* [Hgg.], Religious Identity and Invention of Traditions [Studies in Theology and Religion 3], Assen [Niederlande] 2001, 156–168), 161 (Lit.), zum Verb *ndb*: *J. Conrad*, נדב (ThWAT 5, 1986, 237–245), hier bes. 242–244, ferner zu *nādîb* in Ps 113,8: *Vf.*, Psalmen und frühgriechische Lyrik (BZ 47, 2003, 23–42), 37.
[17] Vgl. *H. Donner*, Geschichte des Volkes Israel und seiner Nachbarn in Grundzügen 1 (GAT 4/1), Göttingen 1995[2], 181, zur Ehud-Überlieferung Ri 3,12–30 daselbst S. 158 f.
[18] Vgl. *C. Westermann*, a. a. O. (s. Anm. 13), 55.
[19] BHK und BHS wollten die Wiederholung der Worte *le^{c}äzrat Jhwh* »zur Hilfe Jhwhs« mit dem Hinweis auf viele hebräische Handschriften und P^{e}šiṭtā strei-

chen, was aber dem Stil des Gedichts mit seinen rhetorisch steigernden Wiederholungen widerspricht, zumal es offenbar gerade auf diese Wendung ankam; vgl. *H.-D. Neef*, Der Stil des Deboraliedes (Ri 5) (ZAH 8, 1995, 275–293), 278.

20 Vgl. etwa *H. Schulte*, Richter 5: Das Debora-Lied (in: *E. Blum u. a.* [Hgg.], Die Hebräische Bibel und ihre zweifache Nachgeschichte. FS R. Rendtorff, Neukirchen 1990, 177–191), 177 f.190 (Lit.).

21 Für das Alter des Deboraliedes, zumindest in einem Grundbestand, sind neben anderen zuletzt eingetreten: *Vf.*, Der Aufbau des Deboraliedes (VT 16, 1966, 446–459); *Donner*, a. a. O. (s. Anm. 17), 183–187; *R. Albertz*, Religionsgeschichte Israels in alttestamentlicher Zeit 1 (GAT 8/1), Göttingen 1992, 125; *Schulte*, a. a. O. (s. Anm. 20); *V. Fritz*, Die Entstehung Israels im 12. und 11. Jahrhundert v. Chr. (Biblische Enzyklopädie 2), Stuttgart u. a. 1996, 24–30, dazu *Neef*, a. a. O. (s. Anm. 19; vgl. *ders.*, Deboraerzählung und Deboralied [BThSt 49], Neukirchen 2002, 144 f.), der ein einheitliches Deboralied in die Zeit um 1025, etwa 100 Jahre nach dem besungenen Ereignis, datiert.

22 Das Gleiche gilt vom Dialekt der Inschriften von Tell Deir ʿAllā; vgl. *Vf.*, Die Sprache der Texte von Tell Deir ʿAllā im Kontext der nordwestsemitischen Sprachen (ZAH 4, 1991, 1–31).

23 *J. Blenkinsopp*, Ballad Style and Psalm Style in the Song of Deborah. A Discussion (Bibl 42, 1961, 61–76); *Vf.*, Aufbau (s. Anm. 21), zum paganen Charakter von V. 20–21a S. 448 mit Anm. 3.

24 Vgl. zum Für und Wider seiner geschichtlichen Authentizität *Vf.*, »Tod« des alttestamentlichen Geschichtsgottes? (NZSTh 41, 1999, 1–21), 13 f. – Weitere alte Siegeslieder sind Ri 11,34; 1 Sam 18,6–8.

25 2 Kön 13,14–19 bezeugen einen entsprechenden Pfeilzauber.

26 Ex 17,9–12; Jos 8,26. Verschiedene Tabuisierungen wie etwa sexuelle Enthaltung 1 Sam 21,6; 2 Sam 11 (vgl. *Schwally*, a. a. O. [s. Anm. 12], 60–66 mit Parallelen) oder die Ausscheidung von Furchtsamen Ri 7,3–8 suchen magischem Kraftverlust vorzubeugen; vgl. auch Dtn 20,5–7.

27 1 Sam 11,6, vgl. Ri 3,10; 6,34; 11,29; 13,25; 14,6 u. ö. Zu *rûaḥ* »Geist« im Sinne von ›Zorn‹ vgl. Ri 8,3.

28 Ein drastisches Beispiel bietet 1 Sam 11,7, vgl. Ri 19,29 f.

29 Ri 6,34 f., vgl. 3,27; 1 Sam 13,3.

30 Vgl. zum »Sich-Heiligen« für den Kriegszug Jos 3,5; 1 Sam 21,6 (zur rituellen Reinheit der Lagergemeinschaft), ferner die ähnlichen Wendungen Jes 13,3; Jer 51,27 bzw. Jer 6,4; Joel 4,9; Mi 3,5 und die gesetzliche Fixierung Dtn 23,10–15. – Entsprechend werden vor der Schlacht Opfer dargebracht 1 Sam 7,9; 13,9 f.12.

31 Vgl. zur Gottesbefragung Ri 20,23.27; 1 Sam 7,9; 14,8 ff., zum Siegesorakel Ri 7,9.14; 1 Sam 22,5; 23,2; 2 Sam 2,1; KAI 181,14 (Mêšaʿ-Stele) sowie zu den betr. stereotypen Formulierungen des Orakels *von Rad*, a. a. O. (s. Anm. 12), 7 f.

32 Vgl. zum ›Sich-Rüsten vor Jhwh‹ Num 32,20 ff.; Jos 4,13, zum ›Voranziehen Jhwhs‹ Ex 13,21; Ri 4,14; Dtn 1,30.33; 20,4; 31,6.8; Jes 52,12 (ähnlich Ri 4,14; 2 Sam 5,24), zu Jhwhs Ausziehen mit der Heerschar Ps 44,10; 60,12; 108,12.

[33] Vgl. Ri 7,20, ferner Jos 6,5; 1 Sam 17,20.52. – 1 Sam 4,5; 6,15 bezeugen den Zusammenhang von Kriegsgeschrei und heiliger Lade.

[34] Vgl. zum Einsatz meteorologischer Erscheinungen Ri 5,4f.; 1 Sam 7,10, zum Erdbeben 1 Sam 14,15, zum Rauschen in Baumwipfeln 2 Sam 5,24, ferner zu einem entsprechenden phönizischen Zeugnis *Vf.*, »Jhwh gebe seinem Volke Kraft«. Zum Hintergrund der alttestamentlichen Geschichtsreligion (ZThK 98, 2001, 265–281).

[35] Zu *ʿam Jhwh* oder *ʿam hāʾälôhîm* siehe Ri 5,11.13; 20,2; vgl. 2 Sam 1,12.

[36] Ex 14,24; 15,14–16; 23,27f.; Dtn 2,25; 7,23; 11,25; Jos 2,9.24; 5,1; 10,2.10; 24,12; Ri 4,15; 7,22; 1 Sam 4,7; 5,11; 7,10; 14,15 u.ö.; vgl. *von Rad*, a.a.O. (s. Anm. 12), 12f.

[37] Vgl. *Schwally*, a.a.O. (s. Anm 12), 29–44; *von Rad*, a.a.O. (s. Anm. 12) 13f. – Die Mêšaʿ-Stele KAI 181 erwähnt in Z. 11f.14–18 aus der Siegerperspektive den »Bann« an 7000 Israeliten sowie die Entnahme des Tempelgeräts Jhwhs, worin wir doch wohl einen historisch glaubwürdigen Beleg zu sehen haben; vgl. *J. A. Emerton*, The value of the Moabite stone as an historical source (VT 52, 2002, 483–492), bes. 487. Eine Grenze zwischen religiösen und profanen Maßnahmen, die der frühantiken Empfindung widerspräche, lässt sich hier freilich kaum ziehen; zu *Stolz*, a.a.O. (s. Anm. 12), 154f.

[38] 2 Sam 20,1; 1 Kön 12,16; 22,26; vgl. *von Rad*, a.a.O. (s. Anm. 12), 14.

[39] Vgl. 1 Sam 4–7. Nach Jos 3,11 zieht die Lade vor Israel her, wie es sonst von Jhwh gesagt wird (vgl. Anm. 33). – Zum heiligen Zelt als Kriegsheiligtum bei den Karthagern vgl. Diodor XX 65,1. Dass Götter von den Karthagern in den Krieg mitgenommen wurden, bezeugt Polybios VIII 9,2.

[40] Vgl. zu weiteren Belegen: *Vf.*, *mqm ʾlm* (s. Anm. 7), 118–122. Zum Erwecken der Gottheit vgl. das römische *evocare deos*, die *evocatio;* dazu *W. Burkert*, Krieg, Sieg und die Olympischen Götter der Griechen (in: *F. Stolz* [Hg.], Religion zu Krieg und Frieden, Zürich 1986, 65–87), 81.

[41] Vgl. *Vf.*, Die kultische Darstellung der Theophanie (VT 14, 1964, 183–191), zur Verwendung der Fackel als Zaubermittel: *Schwally*, a.a.O. (s. Anm. 12), 281.

[42] In diesem Sinne ist Jhwh der *ʾälôhê maʿarkôt jiśraʾēl* »Gott der Schlachtreihen Israels« 1 Sam 17,45; noch die Priesterschrift spricht von den *ṣibʾôt Jhwh* »Heeren Jhwhs« Ex 12,41.

[43] 1 Kön 22,19.

[44] A.a.O. (s. Anm. 12), passim. – Altamerikanische Parallelen bei *Th. Barthel*, Aspekte der rituellen Tötung in Altamerika (in: *von Stietencron*, a.a.O. [s. Anm. 3], 157–170).

[45] Besonders eindrücklich in Ri 7,2–8, einem deuteronomistischen Paradestück; vgl. auch Ps 33,16–18; Prov 21,31; 2 Chr 20 und das deuteronomische Königsgesetz Dtn 17,14–19. Entsprechend soll sich Gideon geweigert haben, die Königswürde anzunehmen Ri 8,22f.; zu einem ähnlichen Verhalten einer punischen Befreiungsgestalt vgl. *W. Huß*, Geschichte der Karthager, München 1985, 459.

46 Vgl. HALAT s. v. *špṭ* D.
47 Im Fall des Moabiterkönigs Mêšaʿ »Retter« ist diese Bezeichnung zu einem Titel geworden, der den Namen ersetzt; zu Mêšaʿ s. u. sub II 3a mit Anm. 53. Vgl. die spätere Verwendung von σωτήρ als Herrschertitel.
48 Vgl. Ri 3,9.31; 6,14f.36f.; 13,5.
49 So gehört zum sozialgeschichtlichen Hintergrund der Dichtung Homers die langsame Ablösung einer agrarischen Adelsgesellschaft durch eine an Handwerk, (See-)Handel und zunehmend an Geldwirtschaft orientierte urbane Klassengesellschaft. Über ähnliche Verhältnisse bei den Puniern unterrichtet *W. Ameling*, Karthago. Studien zu Militär, Staat und Gesellschaft (Vestigia. Beiträge zur alten Geschichte 45), München 1993.
50 Eine offenbar späte Kritik an diesen Verhältnissen enthalten Ri 17,6; 18,1; 21,25. »Damals gab es keinen König in Israel; jeder tat, was ihn recht dünkte«.
51 Zu den Gattungsmerkmalen der Sage gehört es, dass sie diese Realbedingungen des Erzählens überblendet und so vergessen macht; Ri 5,6b nennt allerdings einen auch wirtschaftsrelevanten Kriegsgrund. Welche Rolle die Hoffnung auf Beute spielte, lässt 8,25 f. (vgl. Gen 49,9.27) erahnen; vgl. für die gegnerische Seite Ri 5,30, zu Beute als Konfliktstoff unter den Kämpfern 8,1 f.
52 Englische Übersetzung mit Lit.: *B. R. Foster*, Before the Muses. An Anthology of Akkadian Literature I, Ann Arbor 1993, 209–229. – Zur Ritualisierung des Krieges im alten Mesopotamien vgl. *M. Weippert*, »Heiliger Krieg« in Israel und Assyrien (ZAW 84, 1972, 460–493 = *H.-P. Müller* [Hg.], Babylonien und Israel. Historische, religiöse und sprachliche Beziehungen [WdF 633], Darmstadt 1991, 259–300), der nachweist, dass sich die meisten religiösen Elemente der Kriegführung u. a. auch in neuassyrischen Königsinschriften finden.
53 Vgl. *Vf.*, König Mêšaʿ von Moab und der Gott der Geschichte (UF 26, 1994, 373–395).
54 Vgl. *Vf.*, Die aramäische Inschrift von Tel Dan (ZAH 8, 1995, 121–139).
55 Publikation: M. *Streck*, Assurbanipal und die letzten assyrischen Könige bis zum Untergang Ninives II (VAB VII 2), Berlin 1916, 308 f.
56 Vgl. etwa *B. Snell*, Die Entdeckung des Geistes, Tübingen 1975[4], 139–150, in bezug auf Homer; zum Folgenden auch *Burkert*, a. a. O. (s. Anm. 40).
57 Vgl. Am 5,18–20 (1,3–2,16); Jes 2,12–17; Ez 7; Joël 2,1–11; Zeph 1,2–18; 2,1–3; 3,6–8 (lies *ʿalêkäm* V. 8); Mal 3,1–5.23 f.
58 Vgl. Ez 7,24; Zeph 3,8 cj.; vgl. zu Heuschrecken als ›Heer Jhwhs‹ Joël 2,11.
59 Joël 3,3–5; 4,9–14; Sach 14,1–5. – Zu den Friedenshoffnungen des antiken Israel vgl. *E. Otto*, Krieg und Frieden in der Hebräischen Bibel und im Alten Orient (ThFr 18), Stuttgart u. a. 1999.
60 Vgl. F. *Stolz*, Begrenzung der Welt und Abwehr der Un-welt (in: *Stolz*, a. a. O. [s. Anm. 40], 131–149). – Darum auch entspricht der menschlichen Gruppensolidarität die Fremdenangst und -aggression.
61 Vgl. *Eibl-Eibesfeldt*, Krieg und Frieden (s. Anm. 2), 147 f. 244–268 u. ö.; auch für die Begrenzung der Zwischengruppen-Aggression lassen sich möglicherwei-

se – wie im Innergruppen-Verhalten (vgl. daselbst 125–127) – ›Ventilsitten‹ entwickeln, um Spannungen abzubauen.

62 Entwicklungsgeschichtlich scheint der Krieg mittels der von ihm verursachten Verschärfung der Selektionsbedingungen und der entsprechenden Vitalitätssteigerung die biologische und kulturelle Evolution des Menschen, nicht zuletzt auch die staatliche Organisation beschleunigt zu haben; vgl. *Eibl-Eibesfeldt*, Krieg und Frieden (s. Anm. 2), 147.

63 Zwischen Bevölkerungswachstum und Kriegsbereitschaft scheint infolge der Bindung menschlicher Gemeinschaften an allermeist begrenzte Territorien eine Proportionalität zu bestehen.

64 Zu dem betr. Doppelgesicht des Islam vgl. *G. Rotter*, Dschihad: Krieg im Namen des Glaubens (in: *von Stietencron*, a.a.O. [s. Anm. 3], 252–267).

65 Zu kriegsähnlichen Gruppenauseinandersetzungen bei Schimpansen vgl. *J. Goodall*, The Chimpazees of Gombe – Patterns of Behavior, Cambridge MA 1986; *E. Voland*, Grundriss der Soziobiologie, Heidelberg / Berlin 2002, 123–131.

66 Vgl. *H. Ruh*, Ist die Lehre vom gerechten Krieg am Ende? (in: *Stolz*, a.a.O. [s. Anm. 40], 191–206).

2
Krieg und Gewalt in der Geschichte des Christentums
von Thomas Hoppe

1 *Ernst Ludwig Grasmück*, Äußerungen zu Krieg und Frieden in der Zeit der frühen Kirche, Barsbüttel 1989, 1.

2 Vgl. *Tertullian*, De corona 11, CCL 2, 1056–1058.

3 Vgl. *Anselm Hertz*, Die Lehre vom »gerechten Krieg« als ethischer Kompromiß, in: ders., u.a. (Hg.), Handbuch der Christlichen Ethik III, Freiburg i.Br. 1982, 425–448, hier 429.

4 Vgl. *Grasmück* (Anm. 1) 13f.

5 Vgl. *Paulus Engelhardt*, Die Lehre vom »gerechten Krieg« in der vorreformatorischen und katholischen Tradition. Herkunft – Wandlungen – Krise, in: *Reiner Steinweg* (Red.), Der gerechte Krieg: Christentum, Islam, Marxismus, Frankfurt/M. 1980, 72–124, hier 81.

6 Vgl. *Rudolf Hiestand*, »Gott will es!« – Will Gott es wirklich? Die Kreuzzugsidee in der Kritik ihrer Zeit, Stuttgart 1998, bes. 16ff.

7 Vgl. *Augustinus*, Contra Faustum Manichaeum XXII, 74.

8 Vgl. *Hertz* (Anm. 3) 425.

9 Vgl. v.a. De re publica III, 23; de officiis I,11,36.

10 Vgl. *Thomas von Aquin*, Summa Theologica II–II q.40 a.1.

[11] *Joseph Höffner,* Kolonialismus und Evangelium. Spanische Kolonialethik im Goldenen Zeitalter, Trier 3. Aufl. 1972, 69.
[12] Ebd., 65.
[13] Vgl. ebd., 62 ff. Vgl. auch *Michael Howard,* Der Krieg in der europäischen Geschichte, München 1981, 14: »So ergab sich, dass im Krieg gegen das Heidentum alle Mittel erlaubt waren, und Ritter konnten sich sogar Absolution von ihren Sünden verschaffen, indem sie sich in diesem Krieg auszeichneten. Im 12. Jahrhundert führten die Deutschritter unter der Schirmherrschaft der Kirche einen Kreuzzug gegen die Slawen und Wenden Osteuropas, der praktisch einem Ausrottungskrieg gleichkam.«
[14] Vgl. *Francisco de Vitoria,* De iure belli 35: »Niemals ist es erlaubt, Unschuldige als solche und absichtlich zu töten«.
[15] *Francisco Suárez,* De bello IV 8.
[16] *Arthur-Fridolin Utz / Joseph-Fulko Groner* (Hg.), Aufbau und Entfaltung des gesellschaftlichen Lebens. Soziale Summe Pius XII., 3 Bde., Fribourg 1954–1961 (= UG), Nr. 3495.
[17] Ebd., 3496.
[18] Ebd., 3495. Gleichzeitig qualifiziert Pius diese Forderung weiter (UG 3497): »Unter einer Bedingung jedoch: dass nämlich die Friedensorganisation … nicht endgültig irgendeine Ungerechtigkeit bekräftige, zu keiner Verletzung irgendeines Rechts zum Nachteil irgendeines Volkes … beitrage.«
[19] Dann spricht man von »Präemption« bzw. von einem »preemptive use of force« – in deutlicher Unterscheidung von »präventiver« Gewaltanwendung.
[20] Vgl. *Pius XII.,* Ansprache an die Teilnehmer des 8. Internationalen Ärztekongresses in Rom am 30. 9. 1954, UG 5364.
[21] Zweites Vatikanisches Konzil, Pastoralkonstitution Gaudium et spes, Nr. 80.
[22] Sekretariat der Deutschen Bischofskonferenz (Hg.), Gerechter Friede, Bonn 2000 (= Die deutschen Bischöfe, Nr. 66), Ziff. 151.
[23] *Anthony H. Cordesman,* An Attack on Iraq: The Military. Political, and Economic Consequences. A Background Paper on Risk Analysis and Scenarios, Washington, D.C. Center for Strategic and International Studies (CSIS) 11. 11. 2002, 27.
[24] Vgl. *James T. Johnson,* Morality and Contemporary Warfare, New Haven 1999, 121. Vgl. aus der Perspektive des Historikers *Michael Salewski,* Tier aus der Tiefe. Aufklärung über den Krieg, in: FAZ 23. 3. 2002, 11, der feststellt: »wer sich für einen Krieg entscheidet, das wusste schon Bismarck, wird schuldig, unvermeidlich«.
[25] Zum Verständnis der Rede von »unvermeidlicher Schuld« vgl. z. B. *Dietrich Bonhoeffer,* Nach zehn Jahren (Rechenschaft an der Wende zum Jahr 1943), in: Widerstand und Ergebung. Briefe und Aufzeichnungen aus der Haft, hrsgg. v. *Eberhard Bethge,* Gütersloh 10. Aufl. 1978, 18.25; ders., Ethik, zusammengestellt u. hrsgg. v. *Eberhard Bethge,* München 1975, 255 ff.
[26] *Walter Brugger,* Artikel »Aporie«, in: Lexikon für Theologie und Kirche, Freiburg/Br. 2. Aufl. 1965, 733.

[27] Vgl. Kirchenamt der EKD (Hg.), Friedensethik in der Bewährung – Eine Zwischenbilanz, Hannover 2001.
[28] Gerechter Friede (Anm. 22), Ziff. 66.
[29] Gerechter Friede (Anm. 22), Ziff. 69.
[30] Vgl. Mt 5,13–16.

3
Krieg und Gewalt im Islam
von Adel Theodor Khoury

[1] Man kann das, was mit »Beute« gemeint ist, auch auf politische Ziele ausdehnen, die willkürlich und leichtfertig mit den religiösen Anliegen des Islams verbunden und zum Motiv für den Kampf »auf dem Weg Gottes« hingestellt werden.
[2] *Sayyed Qutb*, Dieser Glaube, der Islam, Stuttgart o. J., S. 44 (arabisches Original: Hadha l-din, Beirut/Kairo 1975: zitierter Text S. 24–25); vgl. *M. Forstner*, Die Muslimbrüder II, CIBEDO-Texte, Nr. 25, Frankfurt/M. 1984, S. 21.
[3] Obwohl die Irak-Krise wenig mit dem Islam, wie ihn die Prominenten unter den muslimischen Gelehrten deuten, zu tun hat, könnte ein Kriegsausbruch Gefühle der Empörung, der Ohnmacht und des Hasses bei manchen Muslimen entfachen. Die eine oder andere Gruppe von militanten Muslimen könnte sich veranlaßt sehen, Gewalttaten als Vergeltung für die Gewalt, die einem Land der islamischen Welt angetan wird, zu verüben.

4
Krieg und Gewalt im Hinduismus
von Konrad Meisig

[1] Der vorstehende Vortrag basiert auf und enthält Zitate aus den folgenden früheren Veröffentlichungen des Verfassers: Shivas Tanz. Der Hinduismus (Kleine Bibliothek der Religionen, hrsg. v. *Adel Theodor Khoury*, Bd. 4). Herder: Freiburg, Basel, Wien, 1996 (auch in: Sonderausgabe, 10 Bde. in Kassette, Herder: Freiburg, Basel, Wien 2003). – Hinduismus: Krieg und Frieden. In: Friede – was ist das? Die Antwort der Weltreligionen, hrsg. v. *Adel Th. Khoury* und *Peter Hünermann* (Herderbücherei, Bd. 1144), Freiburg, Basel, Wien 1984, pp. 11–25. – Ayodhyâ. Probleme der religionswissenschaftlichen Auseinandersetzung mit dem Hindu-Fundamentalismus. In: Jahrbuch für Religionswissenschaft und Theologie der Religionen, Bd. 3. Oros Verlag: Altenberge 1995, pp. 126–141. –

Neuere Entwicklungen im Hindufundamentalismus. In: Mitteilungen für Anthropologie und Religionsgeschichte (MARG), Bd. 14, 1999, Ugarit-Verlag, Münster 2001, pp. 219–228. – Die Typen der Fastenmärchen aus Avadha. In: Die Pockengöttin. Fastenmärchen der Frauen von Avadh. Gesammelt von *Indu Prakash Pandey*. Aus dem Hindi übersetzt von Indu Prakash *Pandey* und Heidemarie *Pandey*. Mit einem märchentypologischen Anhang von Konrad Meisig (Beiträge zur Indologie, 36), pp. 114–192. – Zehn Jahre nach Ayodhyâ. Fundamentalistische Gewalt in Gujarat im Frühjahr 2002. Im Druck für: Mitteilungen für Anthropologie und Religionsgeschichte (MARG), Bd. 17, 2002, Ugarit-Verlag, Münster. – In den genannten Publikationen finden sich auch Hinweise auf vertiefende Literatur.

[2] Übersetzungen aus der Gîtâ nach *Richard Garbe*, Die Bhagadvadgîtâ. Aus dem Sanskrit übersetzt. Mit einer Einleitung über ihre ursprüngliche Gestalt, ihre Lehren und ihr Alter. Haessel: Leipzig, 2. verbesserte Auflage, 1921; zitiert aus *K. Meisig:* Hinduismus. Krieg und Frieden, 1984, S. 21.

[3] Zitiert aus: *Marion Meisig*, König Shibi und die Taube. Wandlung und Wanderung eines Erzählstoffes von Indien nach China. Wiesbaden 1995, p. 45.

[4] Vgl. *K. Meisig*, Die Typen der Fastenmärchen aus Avadha, S. 158–160.

[5] Nach: Wörterbuch der Religionen, begründet v. *Alfred Bertholet* in Verbindung mit *Hans Freiherr von Campenhausen*. 3. Aufl., neu bearbeitet, ergänzt und hrsg. v. *Kurt Goldammer* (Kröners Taschenausgabe, Bd. 125), Stuttgart 1976, S. 189., S. 511.

5
Zum Problem der Gewalt im Buddhismus
von Lambert Schmithausen

[1] Die verwendeten Abkürzungen:

AN = Aṅguttaranikāya, ed. *R. Morris* and *E. Hardy*, 5 Bde., London 1885–1900 (PTS); Ü. = Die Lehrreden des Buddha aus der Angereihten Sammlung, übers. v. *Nyanatiloka*, 3. Aufl. Köln 1969.

DN = Dīghanikāya, ed. *T. W. Rhys Davids* and *J. E. Carpenter*, 3 Bde., London 1890–1911 (PTS); Ü = The Long Discourses of the Buddha, transl. by *Maurice Walshe*, Boston, Wisdom Publications 1996.

Ja = Jātaka, together with its Commentary, ed. *V. Fausbøll*, 6 Bde., London 1877–1896 (PTS); Ü = *R. Chalmers et al.*: The Jātaka or Stories of the Buddha's Former Births, repr. Oxford 1990 (PTS).

MN = Majjhimanikāya, ed. *V. Trenckner* and *R. Chalmers*, 3 Bde., London 1888–1889 (PTS); Ü. = The Middle Length Discourses of the Buddha, transl. by *Bhikkhu Ñāṇamoli* and *Bhikkhu Bodhi*, Boston: Wisdom Publications 1995.

PTS = Pāli Text Society.
Sn = Suttanipāta, ed. *D. Andersen* and *H. Smith*, London 1913 (PTS); Ü. = The Group of Discourses, rev. transl. by *K. R. Norman*, Oxford: PTS 1992.
SN = Saṁyuttanikāya, ed. *L. Feer*, 5 Bde., London 1884–1898 (PTS); Ü. = The Connected Discourses of the Buddha, transl. by *Bhikkhu Bodhi*, 2 vols., Boston: Wisdom Publications 2000.
T = The Taishō Shinshū Daizōkyō (The Tripiṭaka in Chinese), ed. by *J. Takakusu* and *K. Watanabe*, 100 Bde., Tokyo 1924 ff.
Vin = Vinayapiṭaka, ed. *H. Oldenberg*, 5 Bde., London 1879–1883 (PTS); Ü. = The Book of Discipline, transl. by *I. B. Horner*, 6 vols., London 1938–1966.

Für wertvolle Hinweise danke ich Herrn Dr. Michael Zimmermann.

2 MN I 341–348; 411–413 (verkürzt; Ü. 445–453 u. 518–519); AN II 205–211 (Nr. 4.198; Ü. Bd. 2: 173–177).

3 Saṅgītiparyāya IV. 44 (*V. Stache-Rosen:* Das Saṅgītisūtra und sein Kommentar Saṅgītiparyāya, Berlin: Akademie Verlag 1968: 120; T Bd. 26: 406a–407b).

4 Schaf- und Schweinemetzger, in der birmanischen Ausgabe auch Rindermetzger; in der nördlichen Version zusätzlich Hühnermetzger. Nach T Bd. 27 u. Bd. 28 (s. Fn. 5) sind jeweils Personen, die die Tiere zwecks Fleischgewinnung züchten, und solche, die sie verkaufen, einbegriffen.

5 Zur Liste der hier eingeordneten Personengruppen vgl. auch T Bd. 27: 607a25 ff. u. T Bd. 28: 890b18 ff. (vgl. *Bart Dessein*, Saṁyuktābhidharmahṛdaya: Heart of Scholasticism with Miscallaneous Additions, Delhi: Motilal Banarsidass 1999, pt. I: 167–168.

6 Vgl. z. B. Dhammapada Vers 422 ≈ Udānavarga (ed. *F. Bernhard*) 33.50; Vin I 2 = Udāna 1.3 ≈ Udānavarga 33.83; Sn Vers 561.

7 Vgl. *Verf.* u. *Mudagamuwe Maithrimurthi:* »Tier und Mensch im Buddhismus«, in: *Paul Münch:* Tiere und Menschen. Geschichte und Aktualität eines prekären Verhältnisses. Paderborn etc.: Ferdinand Schöningh 1998: 211–212.

8 Nicht erwähnt werden in unserem Text blutige Opfer der Volkskulte, etwa an Baumgottheiten, wie sie gelegentlich in den Jātakas zur Sprache kommen; vgl. etwa *Paul Wodilla:* Niedere Gottheiten des Buddhismus. Erlangen 1928: 11–12; 14; 16; *Odette Viennot:* Le culte de l'arbre dans l'Inde ancienne. Paris 1954: 114–116 (auch Menschenopfer!).

9 Z. B. Bodhisattvabhūmi (ed. *N. Dutt*) 97,14 u. 101,17–18, aber auch schon Vin I 112,36–113,1 (Ü. Bd. 4:148) u. AN II 121 (Nr. 4.120; Ü. Bd. 2: 106).

10 Vgl. z. B. MN III 163,26–164,12 (Ü. 1016–17); AN II 122,9–23.

11 Vgl. *Robert Krottenthaler:* Die Jagd im alten Indien. Frankfurt etc.: Peter Lang 1996: 13 ff.

12 Vgl. T Bd. 26: 406b18–20, wonach es sich bei allen unter der Rubrik »andere quälend« genannten Gruppen um solche handelt, die mit der betreffenden Tätigkeit ihren Lebensunterhalt bestreiten. Vgl. *Krottenthaler:* op. cit. 89 ff.

[13] Z. B. Sn Verse 284–315 (Brāhmaṇadhammika-sutta; Ü. S. 32–34).
[14] DN I 141,16–36 (Ü. 138); T Bd. 1: 100b5–6; vgl. *Verf.*: The Problem of the Sentience of Plants in Earliest Buddhism, Tokyo: The International Institute for Buddhist Studies 1991: 58; *K. Meisig*: »Zur Entritualisierung des Opfers im frühen Buddhismus«, in: Mitteilungen für Anthropologie und Religionsgeschichte 7 (1992): 213–222, bes. 217.
[15] Vgl. *Verf.*: »Aspects of the Buddhist Attitude Towards War«, in: *Jan E. M. Houben* and *Karel R. van Kooij* (Hrsg.): Violence Denied. Leiden: Brill 1999: 49–51; »Buddhismus und Glaubenskriege«, in: *Peter Herrmann* (Hrsg.): Glaubenskriege in Vergangenheit und Gegenwart. Göttingen: Vandenhoeck und Ruprecht 1996: 67–68.
[16] Beim heutigen Forschungsstand läßt sich nicht ausschließen, daß die betreffenden Lehrreden spätere literarische Produkte sind und der Buddha gar keinen persönlichen Kontakt zu den betreffenden Herrschern gehabt hat. Auch in diesem Fall spricht dennoch das Fehlen einschlägiger Äußerungen dafür, daß der frühe Buddhismus, und wohl auch der Buddha selbst, eine Einmischung in politische Grundsatzfragen für zwecklos und inopportun gehalten haben dürfte.
[17] SN IV 308–311 (Nr. 42.3–5; Ü Bd. 2: 1334–36); cf. T Bd. 2: 227b–228a (Nr. 908 u. 909) u. 420b–421c (Nr. 123 u. 124).
[18] Z. B. DN I 146,19–20 (Ü. 140, § 26; vgl. T Bd. 1: 101a26); MN I 287,32–288,1 (Ü. 382); II 51,18–20 (Ü. 673); AN III 203,18; V 266,27–267,3 (Ü. Bd. 3: 117; Bd. 5: 117; vgl. T Bd. 2: 271c25–26), etc.
[19] AN I 211,32–36 (Ü. Bd. 1:185); IV 249,18–25 (Ü. Bd. 4:140), etc. (vgl. T Bd. 1: 770c11–18).
[20] Vgl. etwa DN I 63,20–22 (Ü. 99–100, verweist auf DN I 4 = Ü. 68) oder MN I 179,22–25 (Ü. 272–273) neben AN III 203,17 (Ü. Bd. 3: 117) etc. oder V 266,21–23 (Ü. Bd. 5: 117).
[21] Vin I 97, 1–3 (Ü. Bd. 4: 125).
[22] Vin IV 49,3–4 u. 125,19–20 (Pācittiya 20 u. 62; Ü. Bd. 2: 261 u. Bd. 3: 3).
[23] Vin IV 34,33 (Pācittiya 11; Ü. Bd. 2: 227); DN I 64,16 (Ü. 100 verweist auf I 5,4 = Ü. 69); MN I 180,4–5 (Ü. 273), etc.; vgl. *Verf.* 1991 (s. Fn. 14), bes. S. 5 ff.
[24] Z. B. MN I 286,14–16 (Ü. 380); AN V 264,12–14 (Ü. Bd. 5: 116).
[25] Verf. 1996 (s. Fn. 15): 67, Anm. 26; 1999: 53.
[26] Verf. 1996: 66–67 mit Anm. 23.
[27] Jā Nr. 538 (VI 1–30; Ü. Bd. 6: 1–19); vgl. *St. Collins:* Nirvana and other Buddhist felicities, Cambridge: Univ. Press 1998: 425–436.
[28] Jā Nr. 51 (I 262–268; Ü. Bd. 1: 128–133; *J. Mehlig:* Buddhistische Märchen, Leipzig: Insel-Verlag 1982: 195–203).
[29] *Karen C. Lang,* »Āryadeva and Candrakīrti on the *Dharma* of Kings«, in: Asiatische Studien 46.1 (1992): 239, mit Verweis auf *John Garrett:* Tales and Teachings of the Buddha, London: George Allen & Unwin 1979: 59–66; *Verf.* u. M. *Maithrimurthi:* op. cit. (s. Fn. 7): 190 mit Anm. 84.
[30] Die der buddhistischen Spiritualität gemäßeste Methode des Selbstschutzes

ist die Kultivierung oder Aussendung von Freundschaftlichkeit oder Wohlwollen (Sanskrit *maitrī*, Pali *mettā*), die sowohl prophylaktisch wie auch in akuten Situationen auch auf Tiere pazifizierend wirken und geradezu einen Schutzschild, selbst gegen Waffen, um die betreffende Person aufbauen soll; vgl. *Verf.*: Maitrī and Magic, Wien 1997; M. *Maithrimurthi:* Wohlwollen, Mitleid, Freude und Gleichmut, Stuttgart 1999: 55–62; *Minoru Hara:* »Weapons of Virtue« (Abschnitt 3), demnächst in einer von *E. Franco und K. Preisendanz* herausgegebenen Gedenkschrift für Wilhelm Halbfass.

31 Abhidharmakośa-bhāṣya (ed. *P. Pradhan*) 243,4–9 (ad 4.72cd); vgl. auch 240,19–20 (ad 4.68d); Ü.: *L. de La Vallée Poussin*, L'Abhidharmakośa de Vasubandhu, 4e chapitre, Paris/Louvain 1924: 152 u. 144).

32 Siehe *Verf.* 1996 (s. Fn. 15): 63 Anm. 2.

33 Vgl. *Lang:* op. cit. (s. Fn. 29): 232–243, bes. 237–239 and 242.

34 *Lang:* op. cit.: 238.

35 Vgl. z. B. *H. Härtel:* Karmavācanā, Berlin 1956: 54; T Bd. 1: 501b15; Bd. 2: 271b22 (aber nicht c23).

36 So bereits MN III 165–167 u. 183–186 (Ü. 1017–1019; 1032–1035); spätere Schilderungen z. B. in *E. Denis:* La Lokapaññatti et les idées cosmologiques du bouddhisme ancien, Paris 1977: 89–106 (Pali-Text: 92–116; s. auch T Bd. 32 Nr. 1644, bes. 207a–215a) oder Saddharmasmṛtyupasthāna-sūtra (T Bd. 17), bes. 27a–91a.

37 D. h. des um die Zeitwende aufkommenden ›Großen Weges‹ oder ›Großen Fahrzeugs‹, das sich an Personen wendet, die sich nicht damit zufrieden geben, möglichst bald die Erlösung zu erlangen, sondern das anspruchsvollere Ziel der Buddhaschaft anstreben, um dereinst durch Begründung einer Lehrtradition auch anderen den Heilsweg weisen zu können.

38 Laṅkāvatārasūtra (ed. *B. Nanjio*) 252,15–253,9; *D. T. Suzuki*, The Lankavatara Sutra, repr. London 1973: 217 (lies »price« statt »pride«!). Vgl. *Verf.*: »Essen ohne zu töten: Zur Frage von Fleischverzehr und Vegetarismus im Buddhismus«, in: *Perry Schmidt–Leukel:* Die Religionen und das Essen, Kreuzlingen/München: Hugendubel 2000: 189–190.

39 Ein tragisches Beispiel wäre, falls historisch, die Geschichte des ceylonesischen Königs Siri Sanghabodhi: *Collins:* op. cit. (s. Fn. 27): 459.

40 Grundlegend für diese Vorstellung ist DN Nr. 26 (III 58–79; Ü. 395–405); übers. auch in *Collins:* op.cit.: 602–615; vgl. auch ibid. 480–496 (wo der Text allerdings als Parodie gedeutet wird).

41 Vgl. *Verf.* 1996 (s. Fn. 15): 69 mit Anm. 37; *Verf.* u. *Maithrimurthi* (s. Fn. 7): 190.

42 Zur skeptischen Beurteilung realer Cakravartins vgl. auch *Lang:* op. cit. (s. Fn. 29): 242–243. Zu dem Versuch, gewaltsame Eroberung mit der Behauptung, daß sich die Gewaltfreiheit der Herrschaft des Cakravartin nur auf die Zeit nach der Eroberung beziehe, zu legitimieren, s. Verf. 1996 (s. Fn. 15): 70 mit Anm. 44.

43 Etwa: »Lehrtext, der übernormale Erscheinungen darlegt, die dem Bereich der

[geeigneten] Mittel [innerhalb] der Wirksphäre eines Bodhisattva [zugehören]«. Vgl. hierzu vor allem *Michael Zimmermann:* »A Mahāyānist Criticism of Arthaśāstra«, in: Annual Report of the International Research Institute for Advanced Buddhology at Soka University 3 (2000): 177–211. Vgl. auch *ders.*: »Buddhismus und Gewalt«, in: Buddhismus in Geschichte und Gegenwart, Bd. VII, Universität Hamburg, November 2002: 101–110, bes. 107–109 (nicht offiziell publiziert).

44 Zum Folgenden Verf. 1999 (s. Fn. 15): 57–58.

45 Zu diesem Ausdruck jetzt *Seishi Karashima:* »Miscellaneous notes on Middle Indic words«, in: Annual Report of the International Research Institute for Advanced Buddhology at Soka University 5 (2002): 148–151. Vgl. auch *M. Shimoda:* A Study of the Mahāparinirvāṇasūtra, Tokyo: Shunjū-sha 1997: 356–378 (japan.; engl. Zusammenf.: *27–29;* geht von »greedy« als wörtl. Bedeutung aus); *N. Hakamaya:* »icchantika (issendai) no imi to lābha-satkāra«, in: Bukkyōgaku Seminā 74 (2001): 20–34 (»an Besitz und Ehre hängend«).

46 Pflanzen gelten hier definitv nicht mehr als empfindungsfähige Lebewesen, auch nicht als Grenzfälle.

47 Vgl. *Verf.* 1996 (s. Fn. 15): 80–85. Zur Verbindung von japanischem Zen-Buddhismus und Militarismus s. *Brian Victoria:* Zen at War, New York: Weatherhill 1997 (deutsche Ausg.: Zen, Nationalismus und Krieg, Berlin: Theseus 1999).

48 *Verf.* 1996: 89; 1999 (s. Fn. 15): 63.

49 D. h. einer in der 2. Hälfte des 1. nachchr. Jahrtausends aufkommenden Form des Buddhismus, die durch eine starke Ritualisierung charakterisiert ist, teilweise auch durch unkonventionelle, ja schockierende Praktiken, die der Geheimhaltung unterliegen und nur dem Eingeweihten zugänglich gemacht werden.

50 Kālacakratantra (in: Vimalaprabhāṭīkā, ed. *Jagannatha Upadhyaya,* Sarnath 1986) 1.148 ff., bes. 158 ff. Vgl. auch *G. Grönbold:* »Kriegsmaschinen in einem buddhistischen Tantra«, in: *F. Wilhelm* (Hrsg.): Festschrift für D. Schlingloff, Reinbek 1996: 63 ff.; John R. *Newman:* The outer Wheel of Time, Diss. Madison 1987: 576 ff.

51 Z. B. Bodhisattvabhūmi (ed. *N. Dutt*) 113,17–114,2 (s. *Verf.* 1999: 59). Vgl. auch 114,3–15, wonach auch die (gewaltsame) Absetzung eines grausamen Herrschers oder unredlichen Klosterverwalters oder die gewaltsame Rückführung geraubten Stūpa- oder Klosterbesitzes legitimiert wird, sofern Mitleid das Motiv ist.

52 *Verf.* 1999 (s. Fn. 15): 59–60.

53 *Cathy Cantwell:* »To Meditate upon Consciousness as *vajra:* Ritual ›Killing and Liberation‹ in the rNying-ma-pa Tradition«, in: *H. Krasser* et al.: Tibetan Studies, Graz 1995: 107 (die Truppen von gTsang, aus der Sicht des 5. Dalai Lama); 110 (die chinesischen Kommunisten) mit Anm. 23 (die Repräsentanten der Sowjetunion).

54 *Dudjom Rinpoche:* The Nyingma School of Tibetan Buddhism, transl. by *Gyurme Dorje* & *M. Kapstein,* Boston 1991: 767 (cp. *Cantwell:* op. cit.: 108 Anm. 8; s. auch 107 Anm. 3).

[55] *Verf.* 1999 (s. Fn. 15): 61.
[56] *D. Jackson:* Enlightenment by a Single Means, Wien 1994: 61 ff.
[57] Nähere Einzelheiten in dem (leider nicht offiziell publizierten) Vortrag von *Martin Delhey:* »Buddhismus und Selbsttötung«, in: Buddhismus in Geschichte und Gegenwart, Bd. VII, Universität Hamburg, November 2002: 111–132, der trotz seiner Kürze die m. W. bislang differenzierteste und abgewogenste Behandlung des komplexen Problems der Selbsttötung im Buddhismus darstellt.
[58] 1. Channa: SN IV 55–60 (Nr. 35.87; Ü. Bd. 2: 1164–1167) = MN III 263–266 (Nr. 144; Ü. 1114–16); vgl. T Bd. 2: 347b14–348b1; 2. Vakkali: SN III 119–124 (Nr. 22.87; Ü. Bd. 1: 938–941); vgl. T Bd 2: 346b7–347b13 u. 642b29–643a22; 3. Godhika: SN I 120–122 (Nr. 4.23; new ed. by *G. A. Somaratne,* Oxford 1998: 264–269; Ü. Bd. 1: 212–215); vgl. T Bd. 2: 286a2–b21 ≈ 382c9–383a17. Vgl. *Damien Keown:* »Buddhism and Suicide: The Case of Channa«, in: Journal of Buddhist Ethics 3 (1996): 8–31; Verf.: »Buddhism and the Ethics of Nature – Some Remarks«, in: The Eastern Buddhist 32.2 (2000): 37.
[59] Vgl. *Jacques Gernet:* »Les suicides par le feu ches les bouddhistes chinois du Ve au Xe siècle«, in: Mélanges publiés par l'Institut des Hautes Études Chinoises 2 (1960): 527–558; *Yün-hua Jan:* »Buddhist self-immolation in medieval China«, in: History of Religions 4.2 (1965): 243–268; *Delhey:* op.cit. (Fn. 57): 123–127 (dort auch eine Besprechung religiös motivierter Selbsttötung im japanischen Amida-Buddhismus mit dem Ziel einer direkten Wiedergeburt im Reinen Land, unter Verweis auf Carl B. *Becker:* »Buddhist views of suicide and euthanasia«, in: Philosophy East and West 40/1990: 543–556).

6
Religion und Gewalt
Zur Lebensdienlichkeit von Religion in ihrer Ambivalenz
von Ulrich H. J. Körtner

[1] *H. Küng,* Projekt Weltethos, München 1990, S. 13.
[2] *O. Marquard,* Abschied vom Prinzipiellen. Philosophische Studien, Stuttgart 1981.
[3] Vgl. *R. Leicht,* Ohne Gott ist kein Staat zu machen. Von der öffentlichen Relevanz der Religion im säkularen Zeitalter, in: *H.-R. Reuter u. a.* (Hg.), Freiheit verantworten (FS W. Huber), Gütersloh 2002, S. 243–254. Siehe auch *W. Thierse* (Hg.), Religion ist keine Privatsache, Düsseldorf 2000.
[4] Vgl. *R. Schieder,* Wieviel Religion verträgt Deutschland?, Frankfurt a. M. 2002.
[5] *P. Seidmann,* Von inneren Menschen: Konflikt und Versöhnung – zum Problem des Fanatismus, in: *F. Stolz* (Hg.), Religion zu Krieg und Frieden, Zürich 1986, S. 165–190, hier S. 173.
[6] Vgl dazu *P. Seidmann,* a. a. O. (Anm. 5), S. 171.

[7] *J. Rudin*, S.J., Fanatismus, Olten 1965.
[8] *P. Seidmann*, a.a.O. (Anm. 5), S. 173.
[9] Vgl. *R. Girard*, Das Ende der Gewalt. Analyse des Menschheitsverhängnisses, Freiburg/Basel/Wien 1983; *ders.*, Das Heilige und die Gewalt, Zürich 1987; *ders.*, Der Sündenbock, Zürich 1988.
[10] Vgl. *S. Zweig*, Ein Gewissen gegen die Gewalt. Castellio gegen Calvin (1938), Frankfurt a.M. 1979.
[11] Vgl. *O. Marquard*, Frage nach der Frage, auf die die Hermeneutik die Antwort ist, in: ders., a.a.O. (Anm. 2), S. 117–146.
[12] *P. Seidmann*, a.a.O. (Anm. 5), S. 178f. Seidmann erinnert an den berühmten Tagesbefehl von General G.-H. Dufour, dem Oberbefehlshaben der eidgenössischen Armee zu Beginn des Sonderbundkrieges in der Schweiz 1847.
[13] *R. Girard*, Das Ende der Gewalt (s. Anm. 9), S. 43. Zur theologischen Rezeption der Thesen Girards siehe v.a. *R. Schwager*, Brauchen wir einen Sündenbock? Gewalt und Erlösung in den biblischen Schriften, Wien [3]1994; *ders.*, Jesus im Heilsdrama. Entwurf einer biblischen Erlösungslehre (IThS 29), Innsbruck 1990.
[14] Siehe dazu ausführlich *U. Körtner*, Gott und das Opfer. Evangelische Perspektiven, in: *W. Beinert* (Hg.), Gott – Ratlos vor dem Bösen? (QD 177), Freiburg/Basel/Wien 1999, S. 131–152.
[15] *E. Käsemann*, Die Anfänge christlicher Theologie, in: *ders.*, Exegetische Versuche und Besinnungen II, Göttingen [3]1970, S. 82–104.
[16] Vgl. dazu u.a. die Beiträge in der Zeitschrift »Gegenworte« der Berlin-Brandenburgischen Akademie der Wissenschaften, H.10, 2002.
[17] *D. Rice*, Die Propheten des Weltuntergangs, Die Zeit Nr. 39, 20.11.2001, S. 15.
[18] *D. Rice*, ebd.
[19] Zum Folgenden vgl. *U. Körtner*, Weltangst und Weltende. Eine theologische Interpretation der Apokalyptik, Göttingen 1988. Zur Apokalyptik als Gegenwartsphänomen siehe auch *D. Pezzolo-Olgiati* (Hg.), Zukunft unter Zeitdruck. Auf den Spuren der Apokalypse, Zürich 1997; *H. Stamm*, Im Bann der Apokalypse. Endzeitvorstellungen in Kirchen, Sekten und Kulten, Zürich 1998; *W. Fleischmann-Bisten* (Hg.), 2000 nach Christus. Jahrtausendwende und christlicher Glaube (BensH 91), Göttingen 1999.
[20] Zum Wortfeld siehe A. *Oepke*, Art. αποκαλυπτω αποκαλυψις, ThWNT III, Stuttgart 1938, S. 565–597; *G. Wießner / H. D. Preuß / B. Kern-Ulmer / H. Balz / E. Herms*, Art. Offenbarung I–V, TRE 25, Berlin/New York 1995, S. 109–210.
[21] Noch immer grundlegend ist die Beschreibung der Apokalypsegattung von *Ph. Vielhauer* in NTApo[2] II, Tübingen [4]1971, S. 407–427. Siehe ferner *Ph. Vielhauer*, Geschichte der urchristlichen Literatur, Berlin/New York 1975, Nachdr. 1978, S. 485ff.
[22] *G. Lanczkowski:* Art. Apokalyptik/Apokalypsen I, TRE 3, Berlin/New York 1978, S. 189–191, hier S. 189f.

[23] Vgl. *J. Ellul*, Apkokalypse. Die Offenbarung des Johannes – Enthüllung der Wirklichkeit, Neukirchen-Vluyn 1981.
[24] Zum Begriff der Weltangst vgl. *H. Jonas*, Gnosis und spätantiker Geist I (FRLANT 51), Göttingen ³1964, S. 143; *O. Spengler*, Der Untergang des Abendlandes. Umrisse einer Morphologie der Weltgeschichte, Sonderausgabe München 1981, S. 107ff.
[25] Vgl. *C. Kulenkampff*, Zum Problem der abnormen Krise in der Psychiatrie, in: *E. Strauss/J. Zutt* (Hg.), Die Wahnwelten (Endogene Psychosen), Frankfurt a.M. 1963, S. 258–287.
[26] Zur Unterscheidung von Katastrophen- und Krisenangst siehe *O. Haendler*, Angst und Glaube, Berlin 1952, S. 30ff.
[27] Siehe z.B. Mk 13,8.
[28] Siehe dazu *J. Gabel*, Ideologie und Schizophrenie. Formen der Entfremdung, dt. Frankfurt a.M. 1967, bes. S. 306ff.
[29] Vgl. dazu die kritische Würdigung apokalyptischen Denkens bei *J. Ebach*, Apokalypse. Zum Ursprung einer Stimmung, in: *F.-W. Marquardt* u.a. (Hg.), Einwürfe 2, München 1985, S. 5–61.
[30] Vgl. *K. Jaspers*, Die Atombombe und die Zukunft des Menschen. Politisches Bewußtsein in unserer Zeit, München 1958, ⁷1983, S. 353f.402 u.ö.
[31] *K. Vondung*, Die Apokalypse in Deutschland, München 1988, S. 12.
[32] *U. Horstmann*, Das Untier. Konturen einer Philosophie der Menschenflucht, Wien 1983, S. 110.
[33] *P. Tillich*, Systematische Theologie, Bd. I, Stuttgart ⁵1977, S. 247.
[34] *P. Tillich*, a.a.O. (Anm. 33), S. 254.
[35] *P. Tillich*, a.a.O. (Anm. 33), S. 252.
[36] Vgl. *P. Tillich*, a.a.O. (Anm. 33), S. 249.
[37] Vgl. *P. Tillich*, a.a.O. (Anm. 33), S. 136.
[38] *P. Tillich*, a.a.O. (Anm. 33), S. 137.
[39] Vgl. *P. Tillich*, a.a.O. (Anm. 33), S. 138.
[40] *P. Tillich*, a.a.O. (Anm. 33), S. 253.
[41] Ebd.
[42] *P. Tillich*, a.a.O. (Anm. 33), S. 254.
[43] Vgl. *P. Tillich*, a.a.O. (Anm. 33), S. 253.
[44] *P. Tillich*, Systematische Theologie, Bd. III, Stuttgart 1966, S. 203.
[45] Zum Folgenden vgl. *U. Körtner*, a.a.O. (Anm. 19), S. 324ff.
[46] Vgl. *A. Schweitzer*, Kultur und Ethik, Sonderausgabe München 1960, S. 159.
[47] Vgl. auch *D. Korsch*, Der verborgene Gott und der sich entzogene Mensch. Zur Dialektik des Fremden in der Theologie, in: *ders.*, Dialektische Theologie nach Karl Barth, Tübingen 1996, S. 3–22.
[48] Siehe dazu *U. Körtner*, Versöhnte Verschiedenheit. Ökumenische Theologie im Zeichen des Kreuzes, Bielefeld 1996, S. 105ff.
[49] Vgl. Röm 12,14.17; I Kor 6,7.
[50] Vgl. z.B. *A. Th. Khoury*, Toleranz im Islam, Altenberge ²1986.